少林秘传绝技丛书（二）

甘凤池秘传内外功

杨应威　著

人民体育出版社

图书在版编目（CIP）数据

甘凤池秘传内外功 / 杨应威著. -- 北京 : 人民体育出版社, 2020 (2025.8重印)
（少林秘传绝技丛书. 二）
ISBN 978-7-5009-5901-4

Ⅰ. ①甘… Ⅱ. ①杨… Ⅲ. ①少林武术—基本知识 Ⅳ. ①G852

中国版本图书馆CIP数据核字(2020)第228107号

甘凤池秘传内外功

杨应威　著
出版发行：人民体育出版社
印　　装：北京盛通印刷股份有限公司

开 本：880×1230　32开本　　印 张：7.5　　字 数：177千字
版 次：2020年11月第1版　　印 次：2025年8月第2次印刷
书 号：ISBN 978-7-5009-5901-4
印 数：3,001—4,500册
定 价：30.00元

联系电话：（010）67151482
社　　址：北京市东城区体育馆路8号（100061）
网　　址：https://books.sports.cn/

参编人员

高　翔　　丁亚丽　　高　飞

郭成敏　　高　绅　　李梦瑶

总　序

2017年1月25日，中共中央办公厅、国务院办公厅印发了《关于实施中华优秀传统文化传承发展工程的意见》（以下简称《意见》），并发出通知，要求各地区各部门结合实际认真贯彻落实，体现了党和政府对中华优秀传统文化的重视。

在国民教育方面，《意见》提出：加强中华优秀传统文化相关学科建设，重视保护和发展具有重要文化价值和传承意义的“绝学”、冷门学科。在保护传承文化遗产方面，《意见》提出：推动民族传统体育项目的整理研究和保护传承。

中华武术有着几千年的发展历史，是中华民族在社会实践中创造的宝贵财富，是中华文化的重要组成部分。少林武术作为中华传统武术的优秀代表，其秘传绝技与武学秘籍一直是武术爱好者竞相学习和研究的对象。目前在国家的重视下，少林武术发展形势良好，但也存在可供学习的少林武术书籍相对较少的问题，因此，需要对少林武术的相关技艺进行整理出版，使中华武术进一步发扬光大。

《少林秘传绝技丛书》应运而生。本系列丛书依据“健康第一”的教育理念和“便于传承与发展”的要求，邀请有关专家参与编写，披露了少林武术的多种秘法绝艺。先期出版的有《少林点穴绝技》《少林擒拿绝技》《少林擒跌绝技》《少林短打绝技》《少林腿法绝技》《少林古传擒拿与点穴》《少林古传技击术》《少林八段锦古传秘功》《少林易筋经古传秘功》等12本，第二辑包含《少林秘传童子功》《少林古传养生法》《少林秘传五禽功》等9本。这套丛书既可作为武术爱好者学习研究的参考用书，也可作为各级各类武术教员的教学用书。

本系列丛书注重图文并茂，避免抽象化和纯理论化，意在提高现代武术爱好者的学习兴趣；立足于理论联系实际，突出学以致用要则；力求简洁明晰，便于阅读，便于练习。当然，不足之处在所难免，欢迎读者批评指正，以利今后进一步充实与完善。

内容提要

1.《清史稿·甘凤池传》载："甘凤池，江南江宁人。少以勇闻。""手能破坚，握铅锡化为水。又善导引术。"

2.《清稗类钞·甘凤池拳勇》载："雍乾时，武勇之士最著者，为江宁甘凤池。凤池具绝大神力，于拳法通内外二家秘奥，以故莫与敌。""夏日被酒，行至岭上，倦憩于山石。忽腥风骤起，林木怒号，有白额虎自林间跃出，直扑凤池。凤池举臂迎击，仅一拳，虎已涔涔血出而就毙。"

3.《清稗类钞·甘凤池拳勇》载："凤池尝寓太仓张氏，时梅花盛开，众酌酒燕赏，求献技，则曰：'诸君皆文士，奚用武为？无已，作落梅之戏何如？'使人暗志花朵，索棉花一团，摘少许，圆如钮大，立百步外掷之，梅朵朵坠，无稍差。"

4.《甘凤池拳谱·甘凤池小史》载："甘凤池，江宁人，清康乾间勇名著南北，号称无敌，虽妇人孺子皆知其名。""初从少林寺寺僧朝元和尚学技，前后凡十有二年，始尽其秘。"

5. 据传，甘派有“四大秘功”，即坐功、行功、盘功、操功。《甘凤池武功秘谱》载：“坐行盘操，不可或缺，内外兼修，四功相融。用心勤练，则全身内外，前后左右，整壮合一，通体浑元，软硬兼具。”

6. 甘派其他武功，如“八段锦”“十段锦”等类，虽也属“行功”范畴，然多偏重养生保健；“小武功”是辅助功，可随意选学。

目 录

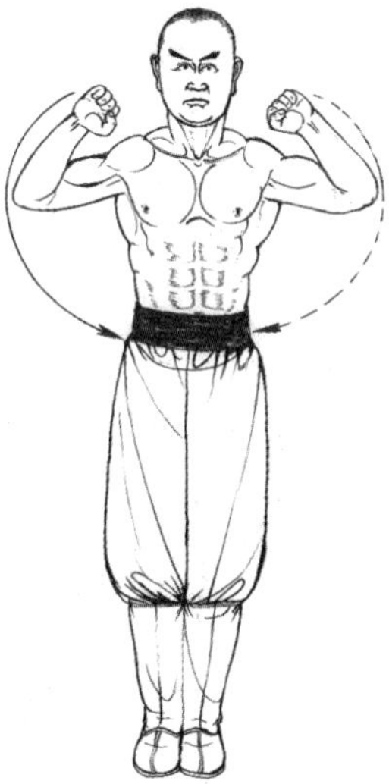

第一章

坐功

坐功，静练呼吸，可凝神敛气，益肾补元，是内功基础。看似简单，但比较细腻，内景较多。

一、双盘坐

（一）

坐功隶属内功范畴，甘派坐功以盘坐势为主，故以盘坐为例说明。

甘凤池武功宗归少林佛家，故其采用禅门正宗盘坐势——双盘。

《少林内功真传》载：“双盘者，即依单盘之势，将盘于下面之脚扳起，置于上面膝头之上，使两足之心皆向上面，而两腿则交叉缩成一结，此则较单盘为难。佛家坐禅，皆用双盘之法，全身筋络得以紧张，身体容易正直，而收效较宏也。”（图1–1）

图1–1

双盘坐较为专业，若没有柔功基础，很多人根本盘不成，反而耽误或影响练功。所以，除了双盘坐，也可采用更为简易随便的坐势，如单盘坐势、自然盘坐势、自然坐凳势、自然坐床势等，因人而异，因地制宜，不必拘泥。其中，只有单盘稍微难一点，其他坐势，没有武功基础的也可轻易使用。

（二）

双盘刚上之后，会很痛，这个时候一定要坚持，就会缓解。第一次使用双盘，难以坚持很长时间，但慢慢练习，情况就会发生改变。而在痛过后，还会有比较舒适奇特的感觉，所谓“久坐有禅”，禅味是自然会得到的。

双腿盘上之后，还要注意调适（调整使之顺适）身体其他各部，使之都达到内功的精密要求，以利取得最佳功效。

1. 头要平，颈要正；腰要直，脊要竖；肩要沉，肘要坠；胸要开，腹要舒。不可前俯后仰，不要左歪右斜。

2. 两手轻接（有几种手形，如“三昧印”“太极图”等），置于丹田（小腹）。

3. 口要闭，牙要合。

全身之势，以舒适得劲、利于气血流通为原则。即使练者选用其他姿势，练功调身的总体要求不可违背。

二、数息

甘风池坐功的“调息”之法，采用“数息”。

所谓调息，指练习呼吸，调适气息，使之徐缓、深长、均匀、舒顺，因此而养气补身，增强体力。数息是气功调息的一种常用方法。

（一）

《少林宗法秘诀》载：

1.“欲学技击，先学数息。此本道家修养之术，而佛门初步时，亦有此法。盖以世俗多卤莽犷悍之夫，平日稍一动作，则气往上浮，呼吸如抽，如是则其头脑昏聩，不唯耳目失观听之能，而手足亦必无所措，溯其受病之由，实因气息粗率所致。故技击专家，必须使气贯丹田，虽腾跃跳纵，犹能平其心气，而后可以临危应变，操必胜之机。可见气息一功，至关肯要，不可以寻常视之也。”

2.“数息之功，即不动心之道。盖心与气本属一体，古语所谓‘气静则神恬，神恬则气足’。技击臻此境界，而后可称上乘，可称绝技，否则仍不过野道旁门，终难入于名家巨子之林也。”

3.“至数息之法，又名调息，道家又称听息。盖以气息由于呼吸，呼吸由于肺部，而鼻为出入之门。凡技击学步之始，先须使气脉沉静，直达气海（又名丹田，即小腹下部是也）。抛却万念，默记其度数，或由一数至五，或由一数至十，不可记数太多，以免心神昏乱。此数息之法也。”

（二）

甘凤池坐功呼吸，要求始终“以鼻练息，以意练气”。不宜用口呼吸，一不卫生，易吸入灰尘等有害物；二则气息短促、散乱，内气难聚，进功缓慢。

练习数息时，首先要收摄心神，意守丹田。继而调适呼吸，即渐渐放慢呼吸，加长呼吸，加深呼吸；同时，开始默念字数，以意引息，气下丹田。

久练有得，则心神安定，气息舒顺，呼吸有力，丹田坚实，体能大增。

《甘凤池静功秘谱》载：

1. “修静之时，宜清神寡欲，收敛身心，调适呼吸，意守丹田。入手之初，必有杂念萦心，气乱神迷，难以收益。而欲有得，宜用数息，以神驭气，注于丹田，盖以其为元气之原府、内府之中宫也。”

2. “意守丹田，即意存于丹田，而不即不离也。用意之法，亦宜调适，不可追逐，不可无神，自然而然。日久气注神往，自见功效。”

3. “坐之时间，先从一刻时（注：15分钟）入手，以后渐增，两刻时，三刻时，过四刻时者止。”

第二章

行功

行功，运行、导引、流通之功，是内功“动功”之一种。其以外动为主，结合呼吸与意念等内功心法，内以运练呼吸而健肺益气，外以运练肢体而强筋壮骨。

甘凤池一派秘传有“十八行功”，非常著名。其主练动势，结合站桩，动中有静；由内及外，内外相合。练之可易筋通经、洗髓活络、健腑壮肌、贯气增力。

甘凤池行功，又称“甘凤池十八势易筋经”。“十八行功把筋易”“劲至身坚自异能”，此功偏重武功，比较适合青壮年练习。

【总诀】

（一）

十八行功把筋易，七天以后始成形。
每到五更金鸡鸣，三五七会不可停。
由渐积功功积劲，劲至身坚自异能。

（二）

坚持行功在此间，昼不停留夜不闲。
前后左右紧中紧，推掌停收慢与慢。
身体倦时酒可饮，筋骨劳后色莫贪。
更把四功依诀用，莫教劲力废嬉玩。

一、两拳相对势

【练法】

1. 两脚并步，正身直立；两掌垂于体侧；呼吸自然。（图2–1）

2. 左脚向左侧横开一步，两脚间距比肩宽；同时，吸气。（图2–2）

3. 两腿屈蹲，成马步；两掌握拳收至小腹前，拳心向上，两腕相交叉，左拳在上，右拳在下；同时，呼气。（图2–3）

4. 吸气；两拳相互争力，沿腹前提至胸前，拳心向里，拳眼斜向上，两肘尖下垂。（图2–4）

图2–1

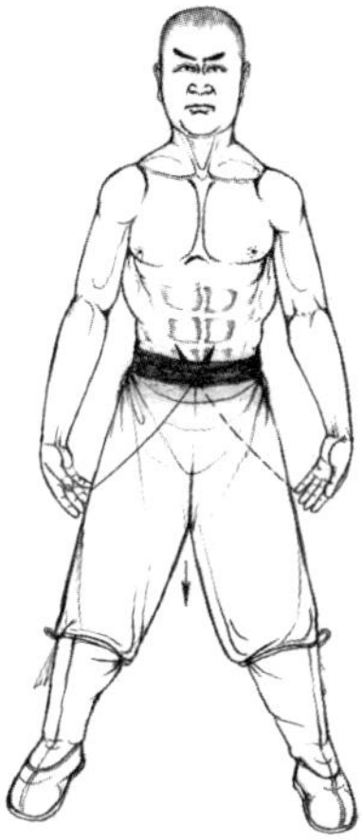

图2–2

图2–3

图2–4

5. 呼气；两肘尖缓缓用力向两侧抬至与肩平，两拳用劲分拉至肩前，拳心向下，拳眼对肩。（图2-5）

图2-5

图2-6

6. 吸气；两肘尖下落，两前臂旋裹，至胸前竖臂，肘尖向下，拳心正对锁骨。（图2-6）

7. 呼气；抬肘平肩，两拳分拉至肩前，拳心向下。（图2-7）

图2-7

8. 吸气；两肘尖下落，两前臂旋裹，至胸前竖臂，肘尖向下，拳心正对锁骨。（图2–8）

图2–8

注：

动作要缓，柔韧有力。闭口合齿，以鼻呼吸，气息徐缓，与动作协调一致。以下皆同。

初练时，先熟悉动作，不管是呼是吸，任其自然。等练法掌握纯熟了，再结合呼吸。

所有武功，不同的动作结合不同的呼吸，就可产生不同的功效。读者应根据自己不同的练功目的，勤加体悟，活学活用。

二、拳头两开势

【练法】

1. 接上势，马步不变；两拳向左右缓缓伸出，至与肩平，拳心向下；呼气。（图2–9）

2. 吸气；两拳变掌，腕高平肩，掌心向外，指尖向上。（图2-10）

图2-9

图2-10

3. 呼气；屈指成爪，继而向外旋腕用力扣握成拳，拳心向上。（图2-11、图2-12）

图2-11

图2-12

4. 吸气；两拳向胸前收拢，两肘下收竖臂，拳心向里。（图2–13）

图2–13

三、左右劈掌势

【练法】

1. 接上势，呼气；向右转体，成右弓步；两拳变掌，右掌向右前方劈出，掌心内含，拇指和小指向掌心屈勾，虎口向上，高与鼻平；左掌沿胸前下按，至左大腿根处时，旋转成掌心向上，五指略屈。定势后，吸气。（图2–14）

图2–14

图2-15

2. 呼气；上体左转，成左弓步；左掌向上、向左前方劈出，掌心内含，拇指和小指向掌心屈勾，虎口向上，高与鼻平；右掌向左、向下按至右大腿根处时，旋转成掌心向上，五指略屈。（图2-15）

3. 吸气；两掌握拳收抱于腰际；上体转正，成马步。（图2-16）

图2-16

四、蹲桩抱月势

【练法】

1. 接上势，马步不变；呼气；两拳变掌向两侧分开，拇指勾屈，指尖向下，头略低。（图2–17）

图2–17

图2–18

2. 吸气；右掌弧形向右上划至右肩前，掌心向左，虎口向后，五指略屈；左掌划至左腹前，掌心向上，五指略屈。（图2–18）

3. 吸气不停；头左转，注视左后侧；同时，左掌伸至右肋前，右掌推至右胸前，两掌犹如抱月之势。（图2-19）

图2-19

图2-20

4. 呼气；左掌向左侧分开；右掌向下、向右侧分开，指尖向下。（图2-20）

5. 练习左抱月势。（图2-21、图2-22）

图2-21

图2-22

6. 挺膝正身，两掌放下；调匀呼吸。（图2-23）

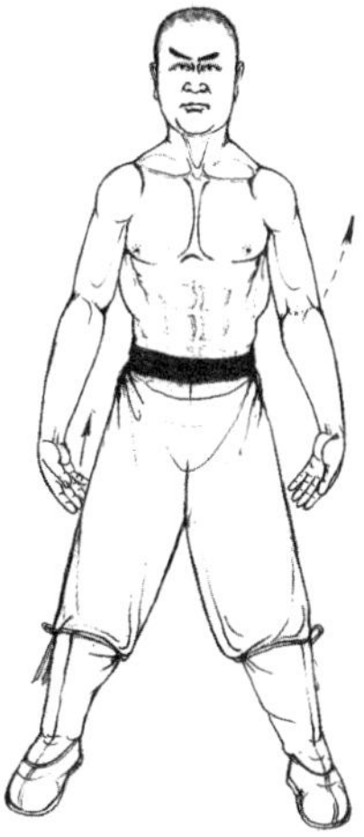

图2-23

五、努劲扭拳势

【练法】

1. 开立步不变；两掌屈指握空心拳，左肘向左侧上方抬起；右拳收至右胯侧，拳心向后；同时，吸气。（图2-24）

图2-24

图2-25

2. 呼气；上体下沉，两腿屈膝，成右半马步；左肘斜向左肩上方提拉，左拳置于左肩前，拳心向左，拳背对肩；右拳斜向右侧下方缓缓伸出，拳心向下，拳眼斜向后，两拳犹如拉弓射箭之势；定势后，吸气。（图2-25）

3. 呼气；马步不变，上体左转；右拳上收至右肩前，右肘斜向右侧上方提拉，左拳斜向左侧下方缓缓伸出，两拳犹如拉弓射箭之势。（图2-26）

图2-26

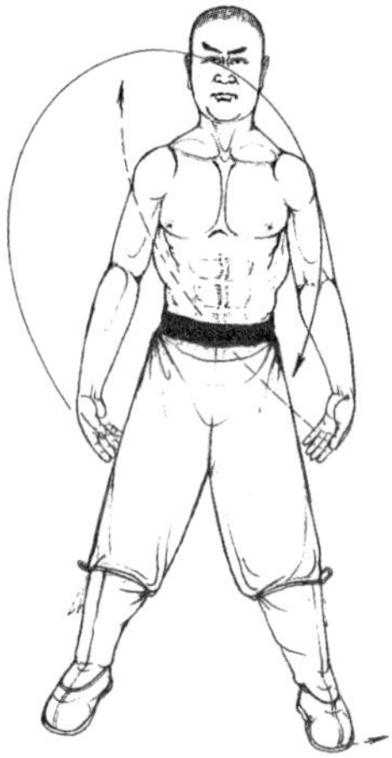

图2-27

4. 伸膝立身，两拳变掌放下；调匀呼吸。（图2-27）

六、雌雄合异势

【练法】

1. 吸气；右掌自右侧向上经面部划弧按至左肋侧，掌心向下，指尖向左；左掌向右侧肩头上方托举，指尖斜向右下，掌心向外；重心下沉，成左虚步。（图2–28）

图2–28

图2–29

2. 呼气；左掌尽力向右抻劲，左肘尽力拔开；右掌不变，重心右移。（图2–29）

3．吸气；左掌下按于右肋外侧，掌心向下，指尖向右；右掌上翻托举于头部左侧，指尖斜向左下，掌心向前；重心稍左移，成右虚步。（图2–30）

图2–30

图2–31

4．呼气；右掌尽力向左抻劲，右肘尽力拔开。（图2–31）

5．伸膝直立，两掌垂放；调匀呼吸。（图2–32）

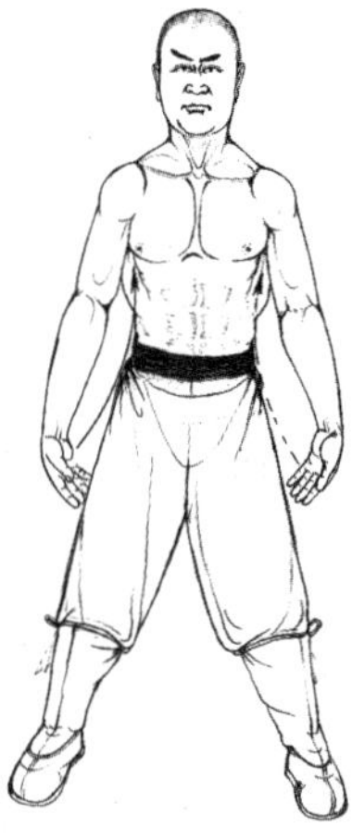

图2–32

七、两掌对插势

【练法】

1. 开步直立不变；两掌上收平端于胸侧，掌心向上，指尖向前，肘尖后拉；吸气。（图2-33）

图2-33

2. 呼气；上身前躬，两掌下按于两脚内侧，掌不触地，两膝挺直，两腕交叉，右掌在外，左掌在里，指尖斜向外。（图2-34）

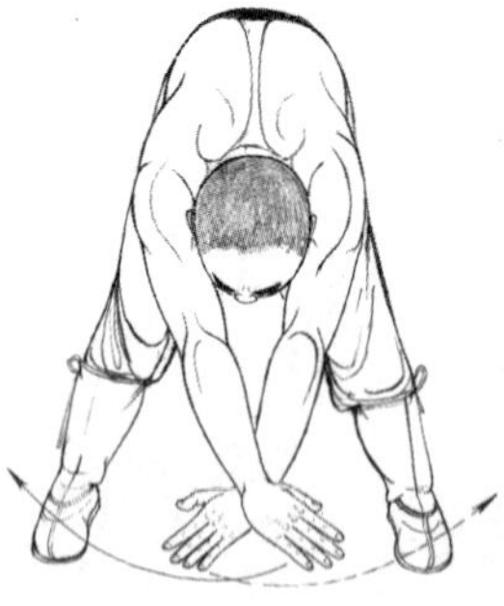

图2-34

3．呼气不停；躬身、挺膝不变；两掌向左右分开，伸于两脚踝外侧，掌心向前，指尖向下，虎口向外。（图2–35）

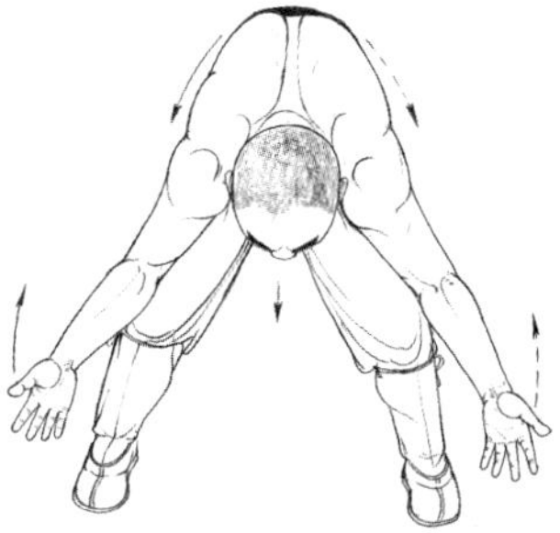

图2–35

图2–36

4．吸气；臀部下坐，屈膝成马步；两肘略屈，两掌上提。（图2–36）

5．吸气不停；两掌缓缓上抬胸前，前臂交叉，右掌在外，置于左肩前；左掌在内，置于右肩前，两掌心斜向外，指尖斜向上。（图2–37）

图2–37

图2-38

6. 呼气；伸膝立身，两肘后收，两掌平端于胸侧。（图2-38）

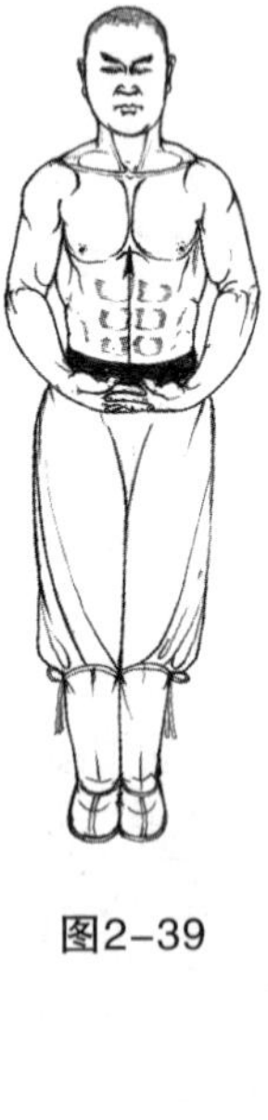

图2-39

7. 吸气；左脚收拢，并步正身直立；两掌下收于小腹前，十指相叉，掌心向上。（图2-39）

八、打躬伏地势

【练法】

1. 接上势，调匀呼吸后，开始吸气；同时，两掌沿腹前托至胸前，转掌伸臂托举于头顶上方，两掌心向上，两臂尽量向上抻托，下颌内含。（图2-40、图2-41）

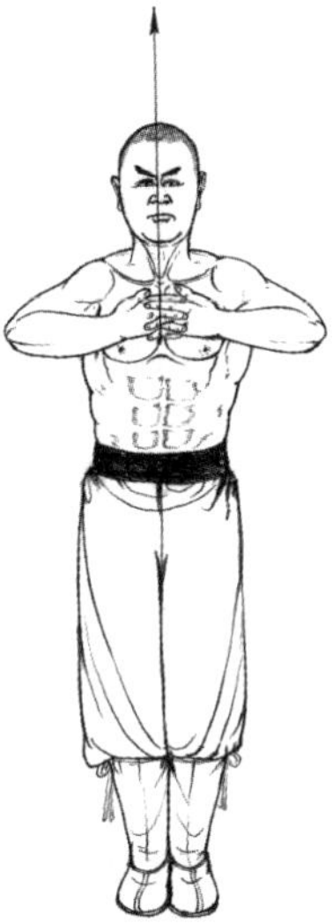

图2-40

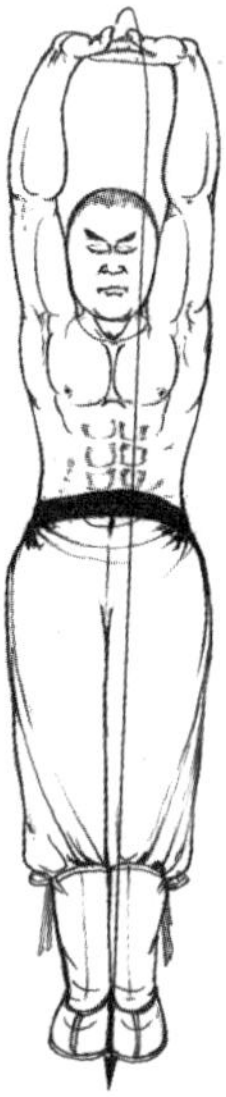

图2-41

2. 呼气；两掌向两脚尖前下按，两掌心向下；上身前躬，挺膝、伸臂、昂头。（图2-42）

图2-42

3. 吸气；起身直立；两掌收抱于小腹前，沿腹前托至胸前，翻转伸举于头顶上方，两臂尽量向上抻托。定势后，调匀呼吸。（图2-43～图2-45）

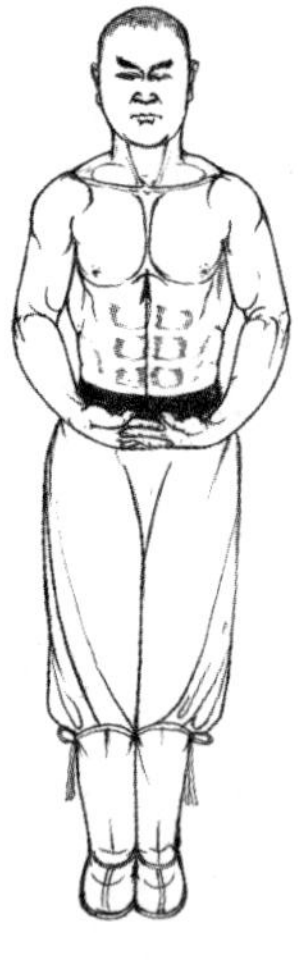

图2-43

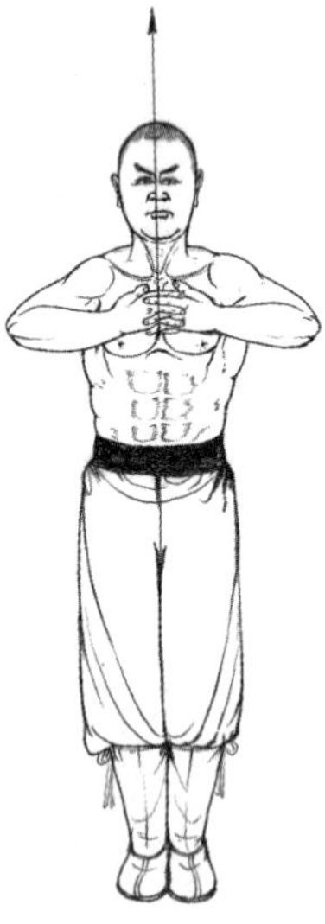

图2-44

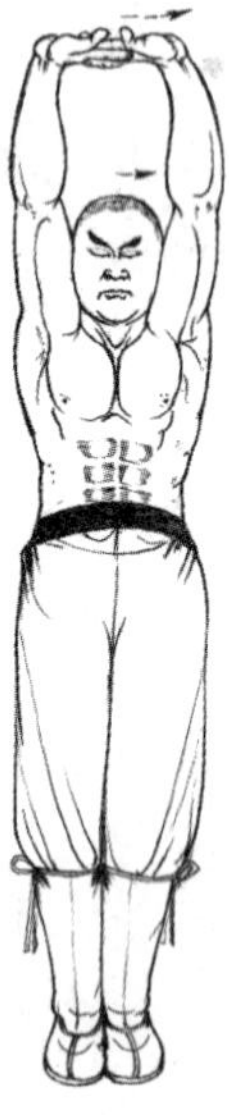

图2-45

4. 吸气；上体左转90°。（图2-46）

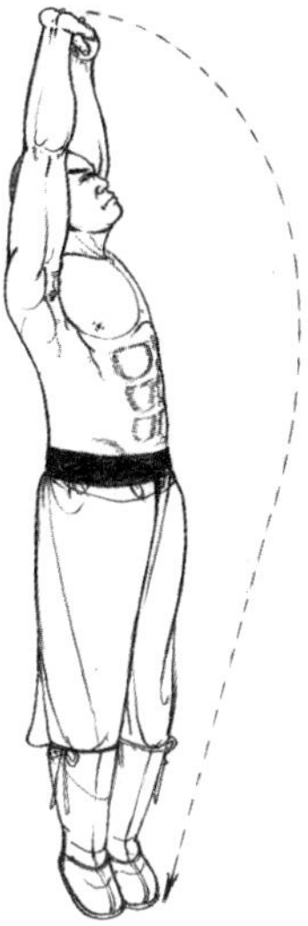

图2-46

图2-47

5. 呼气；向左俯身，两掌下按于左脚外侧，两膝挺直，两臂撑直。（图2-47）

6. 起身，练习右侧动作。（图2-48 ~ 图2-52）

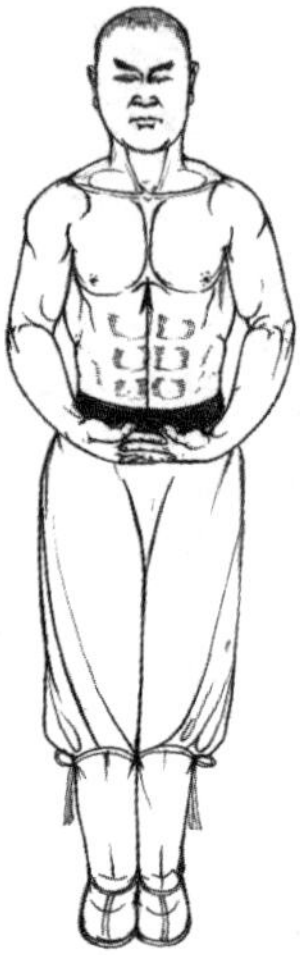

图2-48

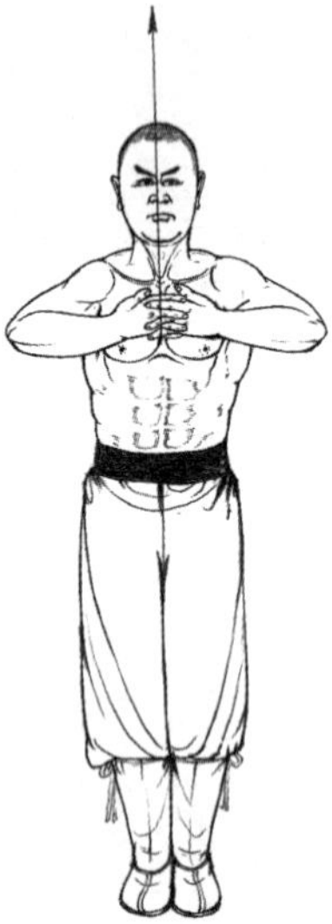

图2-49

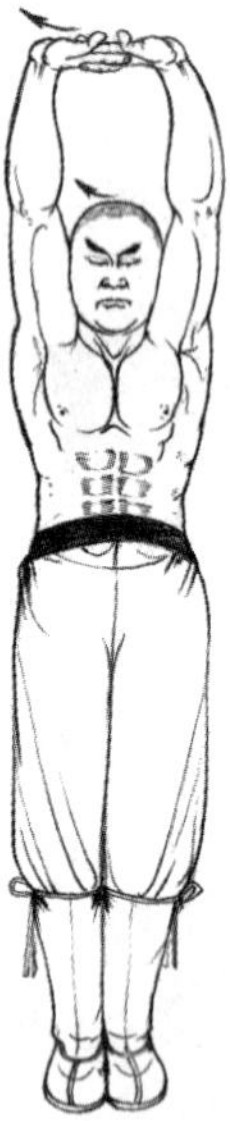

图2-50

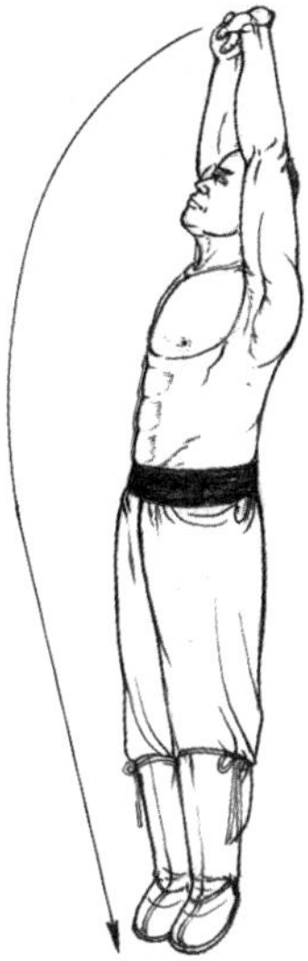

图2-51

图2-52

7. 双掌相叉于腹前；调匀呼吸。（图2-53）

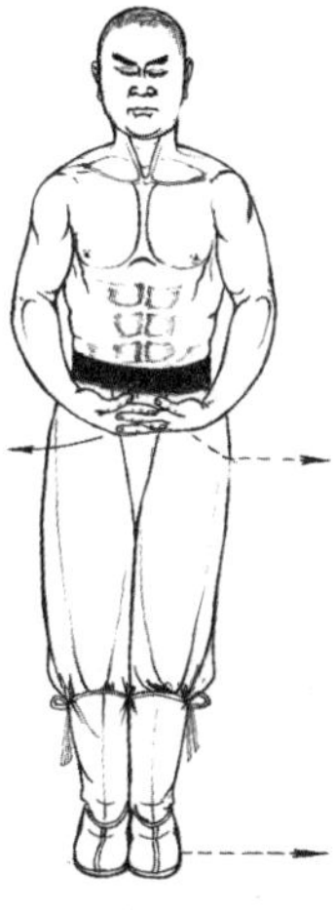

图2-53

九、扭身盘掌势

【练法】

1. 吸气；接上势，左脚横开一步；两掌向外、向上划弧，于胸前成抱球状，掌心相对，指尖斜向上，掌指略张开微屈，距同肩宽。（图2–54、图2–55）

图2–54

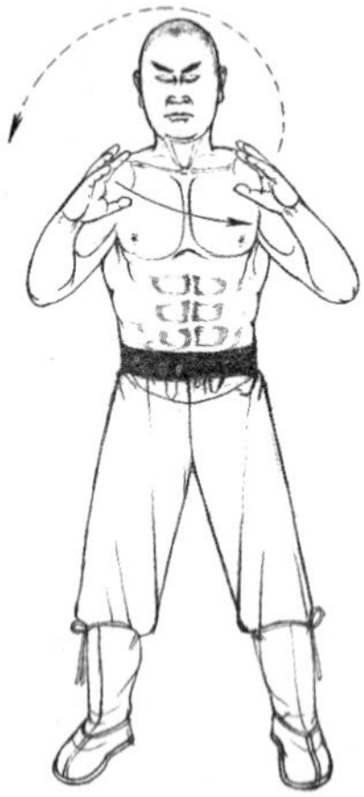

图2–55

图2–56

2. 呼气；左掌自头顶上方向右侧推，指尖向下，掌心向右；右掌经胸前向左腋下推出，指尖向上。两掌反向推劲，上身渐渐向右偏，重心落于右腿，左脚尖点地。（图2–56）

3. 吸气；放下双掌，还原成正身开步直立势。（图2–57）

图2–57

4. 练习左势。（图2–58 ~ 图2–60）

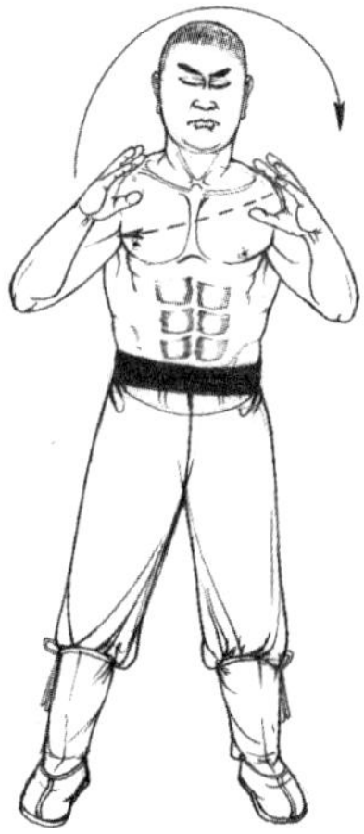

图2–58

图2–59

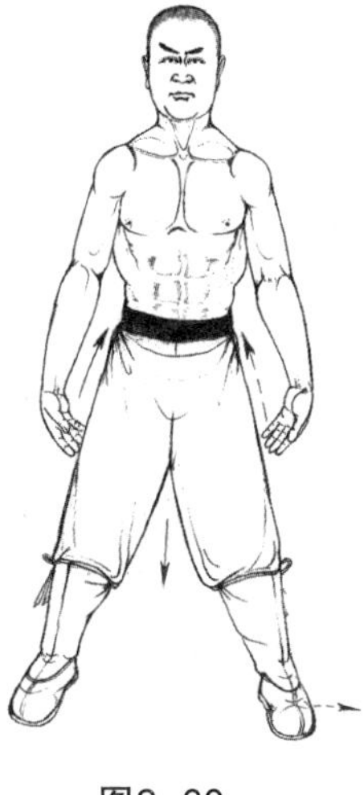

图2–60

十、十指顶牛势

【练法】

1. 左脚向外移步，屈膝下蹲，成正马步；两掌收置腰侧，掌心向上，指尖向前；呼气。（图2-61）

图2-61

2. 吸气；两掌收至腹前，掌心相对，十指指尖相抵，用劲对顶，掌心含空，指尖向上。不停，两掌沿胸前上升至额前，仰面。（图2-62、图2-63）

图2-62

图2-63

3. 呼气；两手缓缓下降于腹前，两膝也随之伸立直身。（图2-64）

图2-64

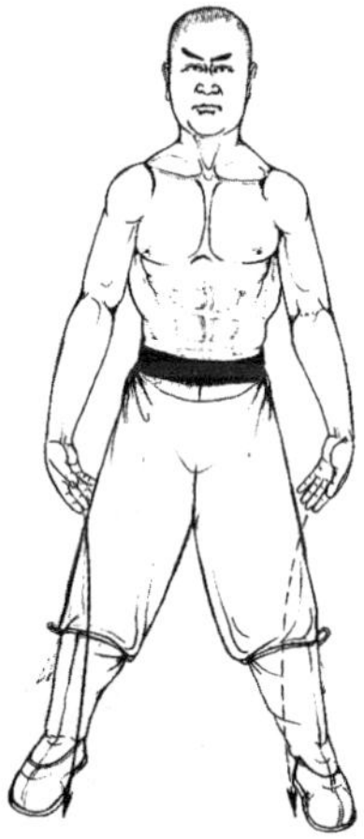

图2-65

4. 放下双掌，调匀呼吸。（图2-65）

十一、掉尾盘龙势

【练法】

1. 吸气；接上势，两膝挺直，上体前躬；两掌分别下按于两脚面内侧，指尖抵地。（图2–66）

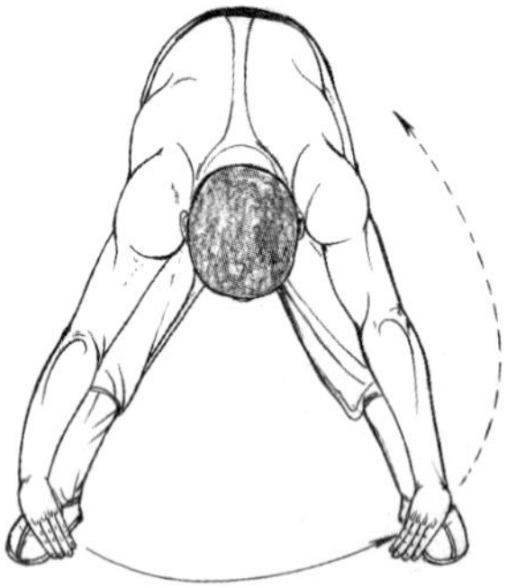

图2–66

2. 呼气；两膝挺直、俯身姿势不变；右掌按于左脚面；左掌收向左肋，左肘尽量上提，把左侧胁部尽量拉开。（图2–67）

图2–67

3. 吸气；放下左掌按于左脚面，右掌按右脚面；用鼻徐徐将气呼出。（图2–68）

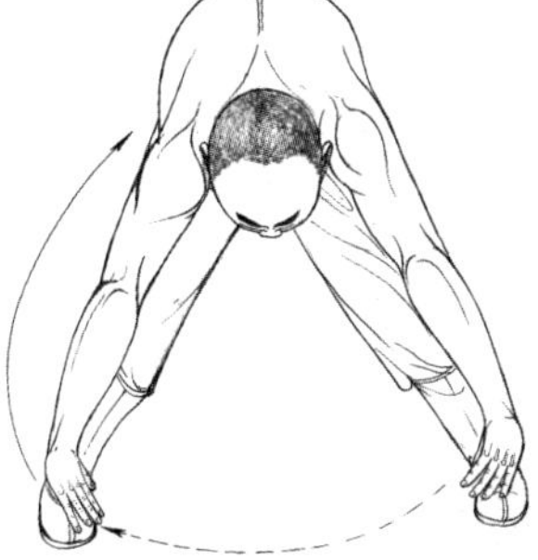

图2–68

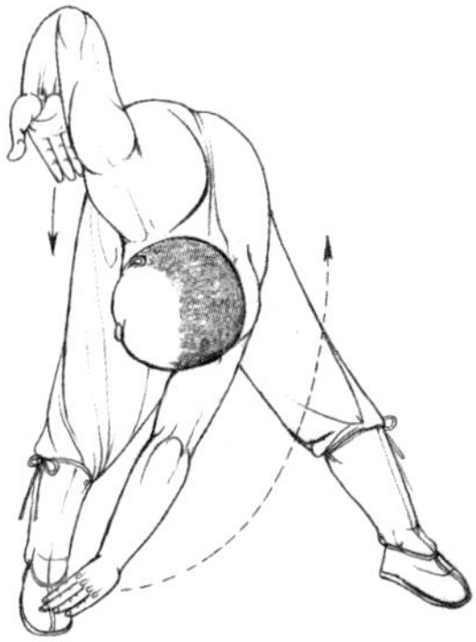

图2–69

4. 接做右势；呼气。（图2–69）

5. 起身，直立，垂掌，调息。（图2–70）

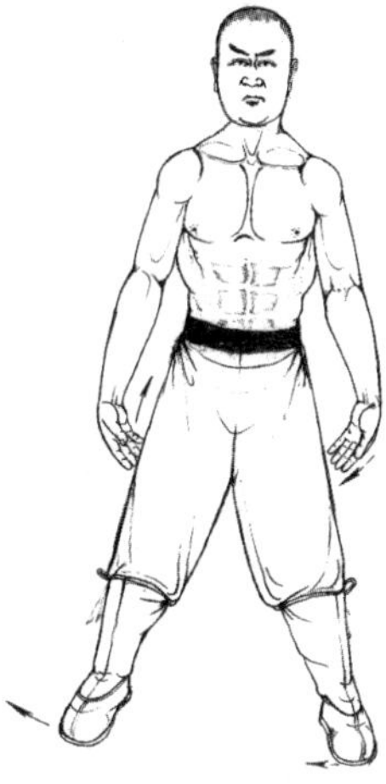

图2–70

十二、昂首梳妆势

【练法】

1. 吸气；右转身，成右弓步；两掌分置于两侧，掌心向上，指尖斜向前下。（图2–71）

图2–71

2. 呼气；两掌左右抬起，至与肩平时向头顶收拢，十指略屈，沿后脑作梳头状至两耳后，掌心向前，两肘尖抬平。（图2–72）

图2–72

图2–72附图

3. 吸气；缓缓昂头、挺胸。（图2–73）

图2–73

4. 呼气；两肘缓缓下拉，至垂肘时，掌心向前，虎口对肩，仍昂头。呼气不停；两掌沿两肋侧缓缓下按于小腹两侧，十指略屈，含颔。（图2–74、图2–75）

图2–74

图2–75

5. 身体左转，成左弓步，练习左势。（图2–76 ~ 图2–80）

图2–76

图2–77

图2–78

图2-79

图2-80

6. 放下双掌，开步站立，调匀呼吸。（图2-81）

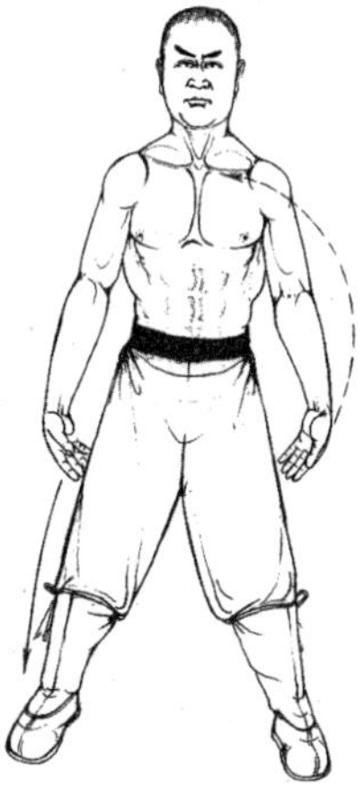

图2-81

十三、左右对称势

【练法】

1. 吸气；上体右俯，右膝挺直；左掌提至左肩前，肘尖向上，指尖向下，五指略屈；右掌下伸至右脚面上方，五指伸直，掌心向后。（图2-82）

图2-82

2. 呼气；臀部下坐，两膝弯曲，成马步；右掌向左脚外侧划弧，至左踝外上侧，掌心向上，指尖向左；左掌置于左肩不变。（图2-83）

图2-83

图2–84

3．呼气不停；右掌沿左小腿上收，过膝，右肘带掌收至小腹，掌心向上，指尖向左；左肘下垂，左掌竖臂立于左肩前上方，高与鼻平，掌心向右，两掌有合抱之意。（图2–84）

4．吸气；放下双掌，伸膝立身。（图2–85）

图2–85

5. 调匀呼吸后，吸气，练习左势。（图2–86～图2–88）

图2–86

图2–87

图2–88

十四、出爪亮翅势

【练法】

1. 立正，垂掌；调匀呼吸。（图2-89）

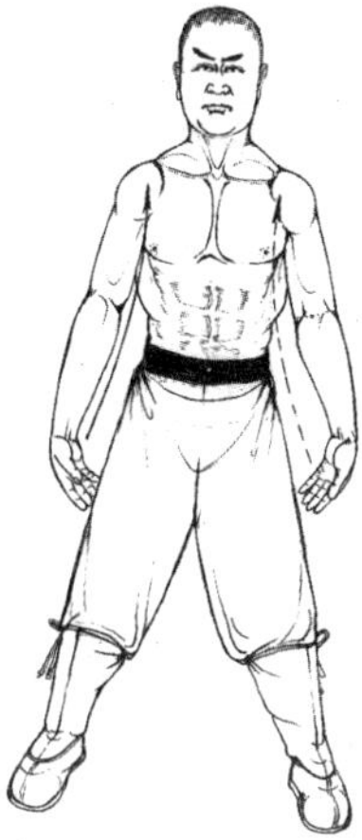
图2-89

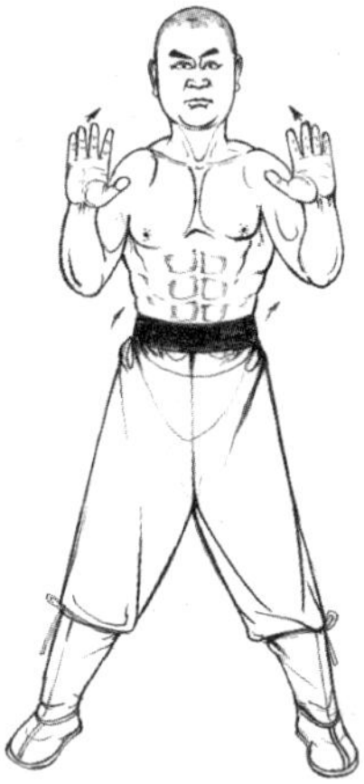
图2-90

2. 吸气；两掌上提至肩前，垂肘竖臂，竖腕，指尖向上，掌心向前。（图2-90）

3. 呼气；伸腰前探；两掌向前推出，掌心向前，指尖向上，直至两臂伸直；上体与地面平行，两膝挺直。（图2-91）

图2-91

4. 吸气；臀部下坐，屈膝成马步；两掌十指微屈，向右侧下压至与腰平，右掌在前，左掌停于右肘内侧，两掌心向下。（图2–92）

图2–92

图2–93

5. 吸气不停；头部缓缓左转，瞪目；双掌十指尽力伸开，贯劲双掌，掌心向里。（图2–93）

6. 呼气，放松，垂下双掌，伸膝立身。（图2–94）

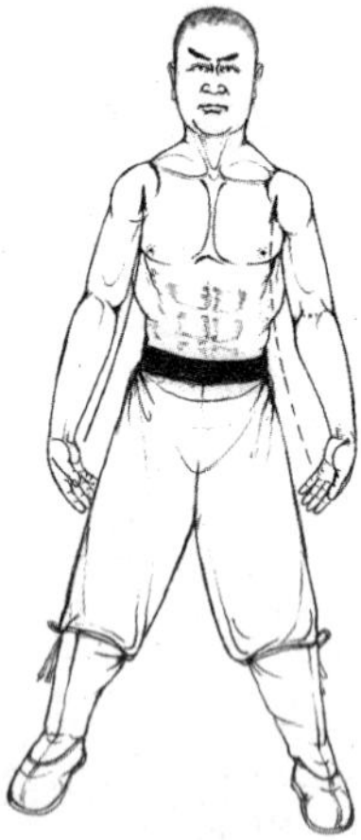

图2–94

7. 练习左势。（图2–95 ~ 图2–98）

图2–95

图2–96

图2–97

图2–98

十五、猛虎双拳势

【练法】

1. 开步，正立，垂掌；调匀呼吸。（图2–99）

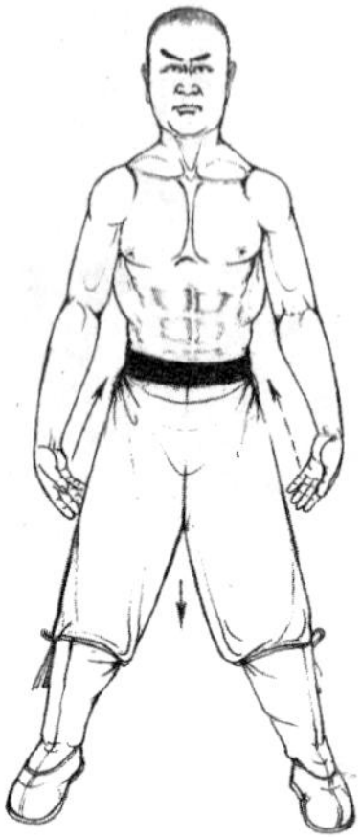

图2–99

图2–100

2. 吸气；屈膝下蹲成马步；双掌握拳收抱腰际，两肘后收，挺胸收腹，腰背挺直。（图2–100）

3. 呼气；两拳向前上方缓缓伸臂推出，直至臂直，拳心向下，拳眼向里，两拳距与肩同宽。（图2–101）

图2–101

4. 吸气；拧转双拳，拳心向上，用力缓缓将两拳拉回肩前，垂肘竖臂，拳心向里。（图2-102、图2-103）

图2-102

图2-103

5. 呼气；头向左转，双拳向右侧压下，至与肋平，右拳在前，左拳停于右肘内侧，两拳眼向上。两拳越攒越紧，直至把气呼完。（图2-104）

图2-104

图2-105

6. 吸气；头转正，双拳收抱腰际。（图2-105）

7. 练习左势。（图2-106 ~ 图2-110）

图2-106

图2-107

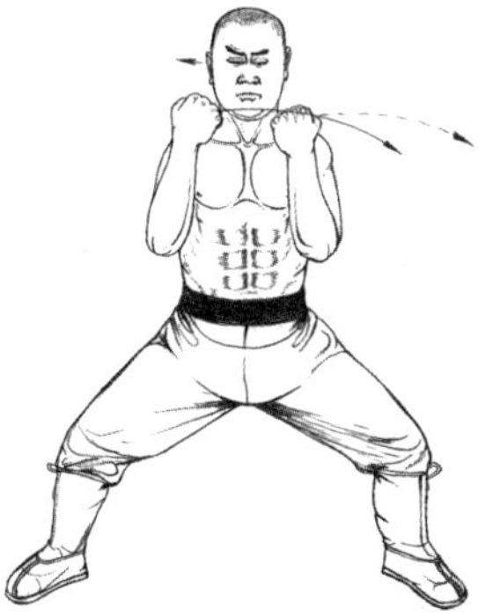

图2-108

图2-109

图2-110

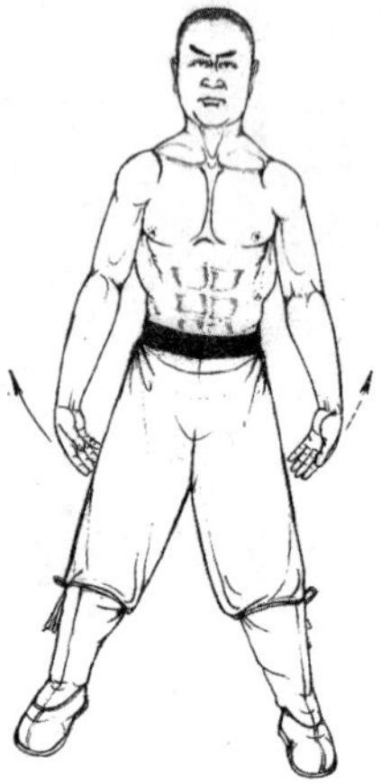

图2-111

8. 放下双拳成掌，伸膝立身；调匀呼吸。（图2-111）

十六、俯身伏地势

【练法】

1. 两掌缓缓向外提起，至与腹平，掌心向下，两臂如环状；吸气。（图2-112）

图2-112

2. 呼气；上身前俯，两膝挺直；两掌伸臂向左脚前缓缓按下，指尖相对。（图2–113）

图2–113

图2–114

3. 呼气不停；上体缓缓右转，双掌移向右脚外侧，膝挺直不变。（图2–114）

4. 呼气不停；两掌按于右脚外侧地面；右腿屈膝，臀部下落，成右弓步；头左转。（图2–115）

图2–115

5. 吸气；两掌用力撑地，两臂伸直，转头目视地面；右脚后伸，脚面叠于左脚踝后上侧，右脚尖勾住左外踝部。（图2–116）

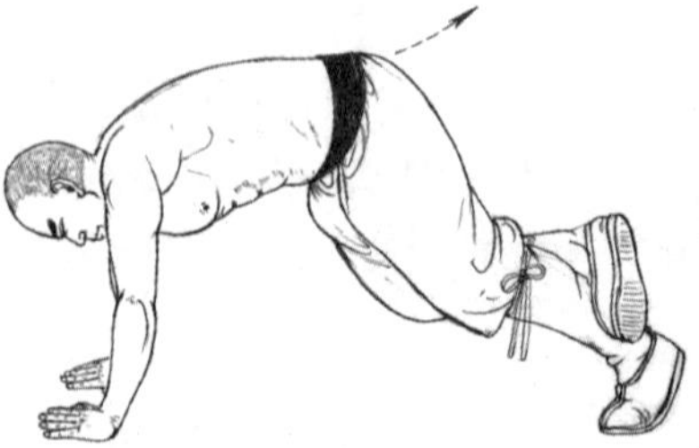

图2–116

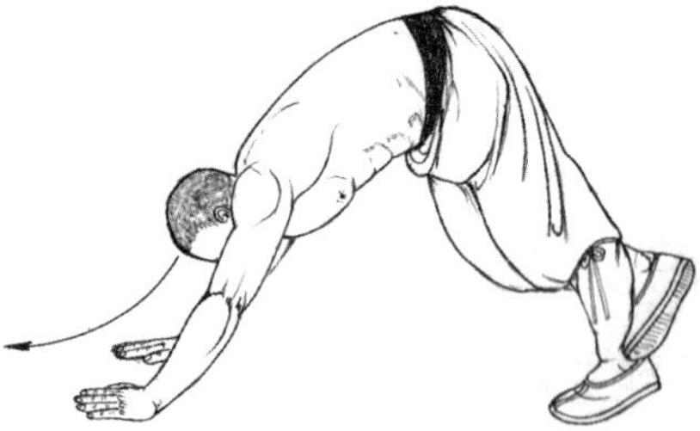

图2–117

6. 吸气不停；臀部上移，腿、臂撑力，使身体成三角状。（图2–117）

7. 呼气；头部向下、向前作俯冲势前移，两臂随之屈肘，肘尖向后；以两掌和左脚前掌支地，直至身体与地面平行。（图2–118）

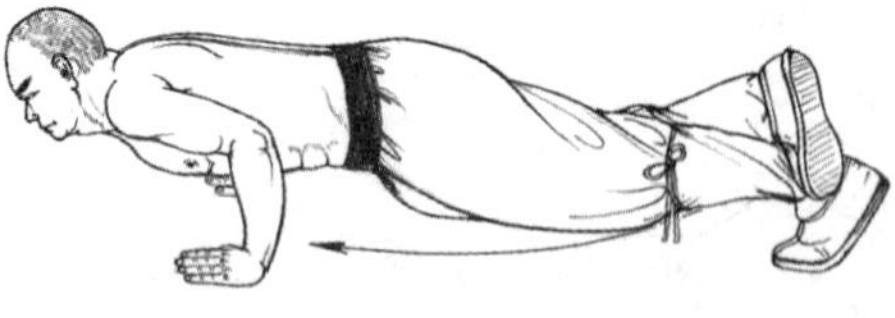

图2–118

8. 吸气；放下右脚，前伸成右弓步；两臂伸直。（图2-119）

图2-119

9. 呼气；两掌离地，移向左脚外侧，两膝伸直。练习左势。（图2-120～图2-125）

图2-120

图2-121

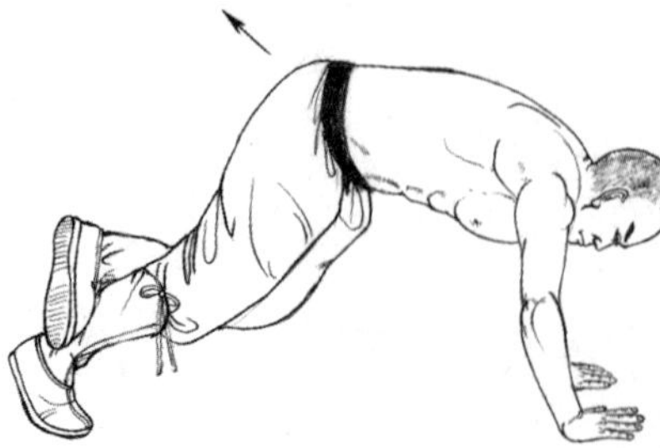

图2-122

图2-123

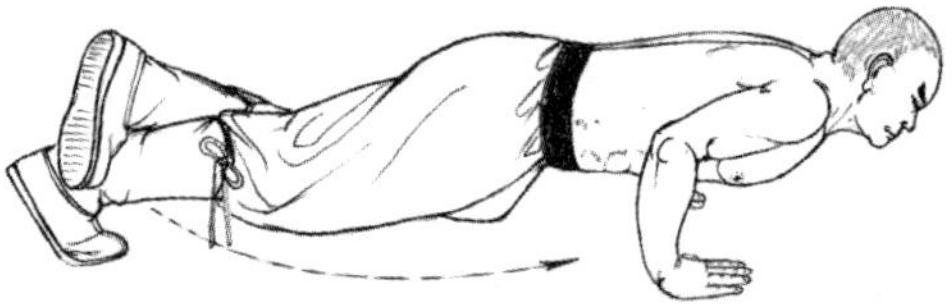

图2-124

图2-125

十七、托足把掌势

【练法】

1. 开步，正立，垂掌；调匀呼吸。（图2-126）

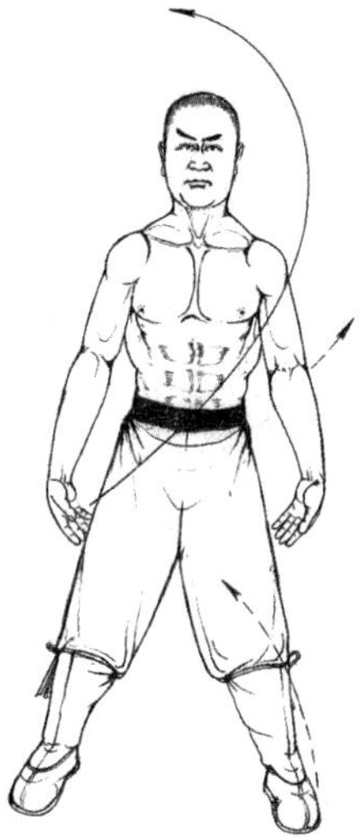

图2-126

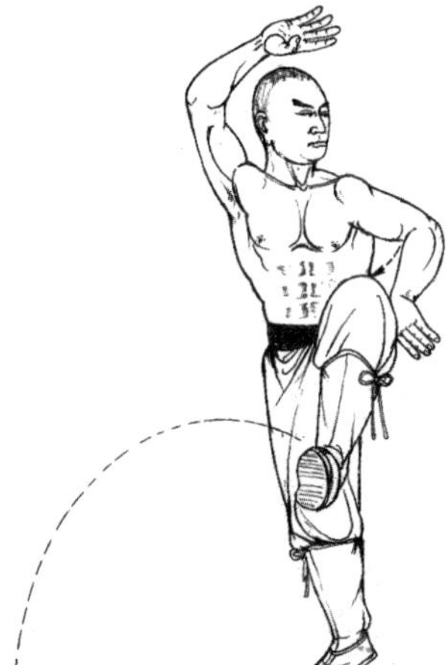

图2-127

2. 吸气；左腿屈膝提起；右掌向左、向上托于头顶，举臂亮掌，掌心向上，指尖向左；左臂屈肘后提，左掌置于左胯外侧，掌心向后，指尖向下；头左转。（图2-127）

3. 呼气；左脚向右侧方落步，屈膝前弓，上体左转，右腿伸直，成倒插步；同时，左肘旋臂收贴于左肋，裹臂转掌，掌心向上，指尖斜向前下；右掌屈臂架于头顶。（图2-128）

图2-128

4. 吸气；左脚向左一步，大开步直立；放下双掌。（图2-129）

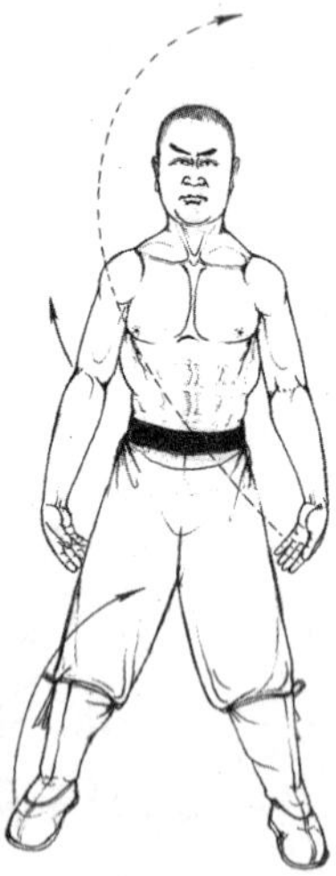

图2-129

5. 调匀呼吸后，练习右势。（图2–130、图2–131）

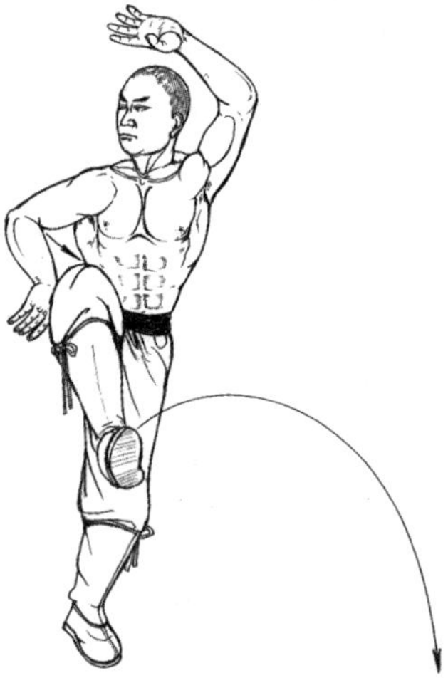

图2–130

图2–131

十八、回身边拳势

【练法】

1. 开步，正立，垂掌；调匀呼吸。（图2-132）

图2-132

图2-133

2. 吸气；右脚经左脚后侧插步；两掌变拳，右拳旋转向右肩前屈臂上拉，拳背对肩，拳眼斜向下；左拳向左后侧下方伸出，拳心向后，拳眼斜向下。气吸满后，自然呼吸，两拳如拉弓般运力，保持定势，坚持一会儿。（图2-133）

3. 右脚向左脚内侧上步，成大开步正身而立；松拳成掌，垂于体侧；调匀呼吸。（图2–134）

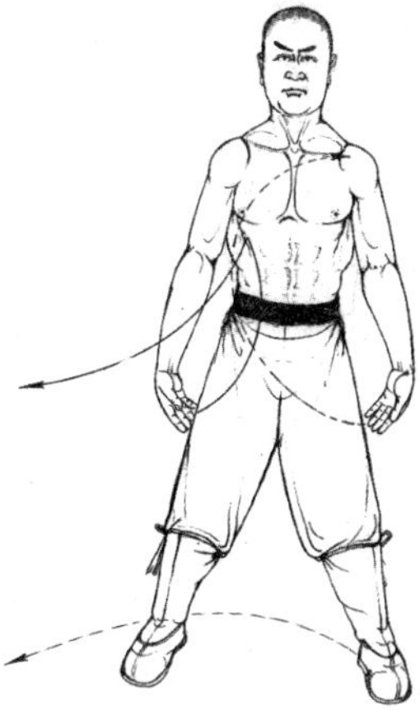

图2–134

4. 练习右势。（图2–135、图2–136）

5. 左脚收拢，并步直立；放松身体，调整呼吸。全功收势。（图2–137）

图2–135

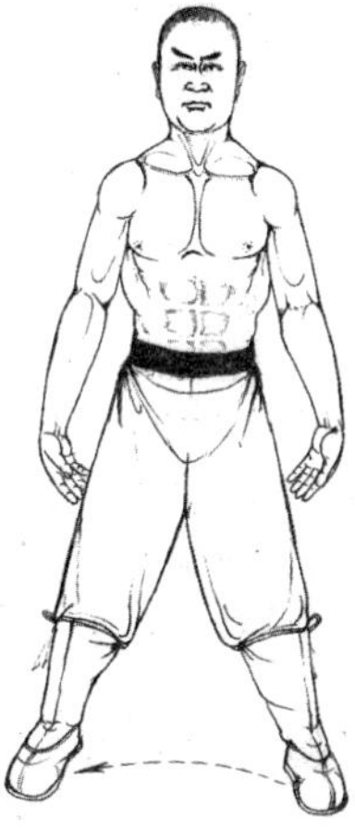

图2–136

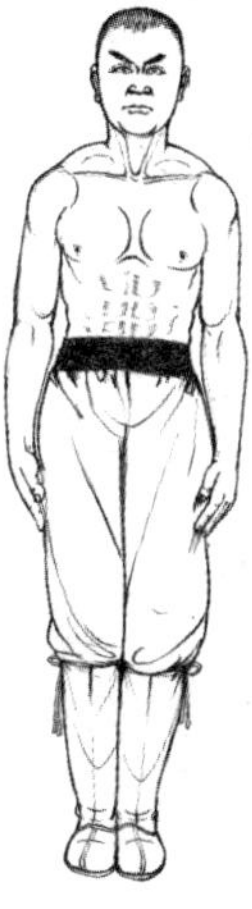

图2–137

第三章

盘功

盘功，是非常传统的中国武功，可迅速壮肌增力，对手力、臂力增效尤著。

甘派盘功，主要有两种：盘刀功与盘石功。俗称为“舞刀弄石，举重端墩”。

盘练时，要融会气功心法，配合好呼吸用息，先慢后快，渐渐加时加力，功到自成。

第一节　盘刀功

盘刀功，主要盘练长柄大刀，如“偃月刀”“春秋大刀”等。

传统盘刀功，一般先从10公斤练起，由轻到重，渐增至20公斤、40公斤。功深者，可轻松盘起百斤重刀，舞动自如。

一、提刀

此乃起势。右手提刀，持把在后，掌心向下，以利动刀。（图3-1）

图3-1

二、丢刀

将刀向上丢起，右手单接。反复练习。然后换左手练习。（图3-2）

图3-2

图3-3

三、悬脚撩刀

右手先接刀，左手跟上合把。接刀后，右腿提起，双手翻腕，向前撩刀。（图3-3）

四、凤凰展翅

落右脚，提左腿，左手前推，右手盘刀后裹。（图3-4）

图3-4

图3-5

五、单提刀

落左脚，右手挺腕加力。（图3-5）

六、檐前滴水刀

左脚滑进一大步，成大幅弓箭步；双手持刀猛力向前下撩出。（图3–6）

图3–6

图3–7

七、勾斫刀

重心下沉，使上腰力，向右拧身；双手持刀向后上方抡起。（图3–7）

八、左提撩刀

桩势不变，双手持刀在身前盘花。（图3–8）

图3–8

图3–9

九、右提撩刀

进右步；双手持刀过肩盘绕，翻为正把，然后向前推撩。（图3–9）

十、过肩刀

向左转身；双手持刀用力向左大幅扫过。（图3-10）

图3-10

十一、拖刀

图3-11

右腿进步，并向右拧腰；双手持刀向身后拖行。（图3-11）

十二、劈刀

翻过身来，右脚急进一步；双手持刀向前劈出。（图3-12）

图3-12

最后收刀，成右手提刀势。

第二节　石锁功

盘石功，主要盘练石锁、石担，多以青石制作。今以盘石锁为例。

传统石锁功，一般先从10公斤练起，由轻到重，渐增至20公斤、40公斤，最后盘练百斤重石。

甘派石锁功，主要有十八劲：挑、提、拿、旋、插、展、抛、撂、顶、托、缠、穿、裹、盘、抡、甩、披、举。

一、足挑手接

1．两脚并步，正身直立于石锁前；两掌垂于体侧；自然呼吸。（图3–13）

2．右脚插入锁门；目视石锁。（图3–14）

3．右脚开始挑起。（图3–15）

图3–13

图3–14

图3–15

4．右脚用力向上挑起石锁，右手接抓。（图3–16）

图3–16

图3–17

5．右脚前落，右手抓住簧把屈臂举于右肩前上侧。（图3–17）

【注意】

本势用脚在地面挑起石锁，而后用手在空中抓接，这是练习腿、眼、手的重要方法。整套功法中，凡在空中抓接石锁时，皆要注意安全，尤其是初练者，一定要防止砸伤自己。

二、提石锁

1. 随石锁自然坠落，两腿屈膝成马步，石锁下落有很大力度，要抓紧簧把，使石锁落于裆前下方。（图3–18）

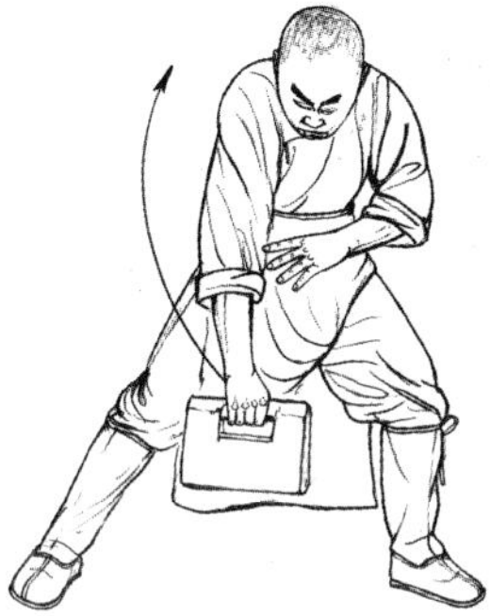

图3–18

图3–19

2. 稍停，手心向上握抓簧把，右臂用力将石锁提至平肩。（图3–19）

三、悬提

右臂外摆，竖肘侧身。（图3–20 ~ 图3–22）

图3–20

图3–21

图3–22

四、拿抓

1. 接上势，石锁从右侧向后环绕。（图3-23）

图3-23

图3-24

2. 再向右前侧摆动石锁，直臂推出，虎口向上，高与肩平。（图3-24）

五、旋摆

1. 把石锁从前向后提拿至右肩上侧。（图3–25）

图3–25

图3–26

2. 石锁稍下沉，再斜提至平眼，用腕力向外旋摆，随即松手。（图3–26、图3–27）

图3–27

图3–28

3. 完成内旋外摆，石锁向裆前下落。（图3–28）

六、插掌

1. 左手抓锁，准备上抛。（图3–29）

图3–29

图3–30

2. 右手成平掌，认准锁门迅速插入。（图3–30）

3. 马步蹲身，卸去下坠力，完成右掌插势。（图3-31）

图3-31

图3-32

4. 右掌向上、向左抖抛石锁，在空中左手成平掌插入锁门。（图3-32）

5. 随石锁下坠，马步、蹲身完成左插势。（图3-33）

图3-33

【注意】

手掌插入锁门，首先要保证石锁在空中横向自己，用力抛起时要控制好方位，以免挫伤手指。

七、侧展

1. 左掌屈臂，向右将石锁提至右肩前。（图3–34）

图3–34

图3–35

2. 向左侧展臂，高与左肩平。（图3–35）

八、翻滚撂石锁

1. 左手落石锁，换成右手抓；右手提石锁，向右下落，敛神凝气，准备撂起。（图3-36）

图3-36

图3-37

2. 撂起石锁，在空中翻个筋斗。（图3-37）

图3–38

3. 落下时，准备抓拿。（图3–38）

【注意】

撂起石锁在空中翻滚一周，再用手接抓簧把，用力要恰到好处，经常练习自无不可。

九、平滚

站马步，接抓锁门用腕力向下、向前、向内平滚抖动。（图3–39）

图3–39

十、旋抛

把石锁向头顶右上方旋抛，使锁竖立。（图3-40）

图3-40

图3-41

十一、拳顶

1. 右手上伸准备顶接。（图3-41）

2. 用右拳面顶接石锁，随坠力蹲身，竖肘平衡。（图3-42）

图3-42

图3-43

3. 然后，换做左拳面顶接。（图3-43）

十二、托接

1. 左拳向右上抛石锁，右臂屈肘准备托接。（图3-44）

图3-44

图3-45

2. 右肘接住后，肩肘用力持平，蹲马平衡。（图3-45）

3. 右肘向上、向左弹起石锁，左臂屈肘完成托接。（图3-46）

图3-46

十三、缠头穿腿

1. 左肘向上、向右弹起石锁，右手接执石锁向下、向前、向右摆动。（图3-47）

图3-47

2. 继续向上、向后、向左做缠头动作。（图3-48）

图3-48

图3-49

3. 右手执锁向下、向右，过右肩上侧旋腕，虎口向上，再准备穿腿。（图3-49）

4. 抬右腿，使石锁从腿下向前穿过，松脱右手，左手接住石锁，顺势摆举于左上方。（图3-50）

图3-50

十四、裹脑盘腰

1. 左手抓锁，向右、向上、向后摆动。（图3-51）

图3-51

图3-52

2. 过头部，再向右侧肩外环绕。（图3-52）

3. 从前向下、向左，使石锁稍停于左腰侧，再用力从背后向右侧掷出。（图3–53）

图3–53

图3–54

4. 右手在右侧接拿，完成左势盘腰。（图3–54）

十五、抡云

1. 右手执锁经腹前向左上环抡。（图3–55）

图3–55

图3–56

2. 从上抡绕至右。（图3–56）

3. 转身，右脚后退一步；同时，石锁继续向上、向右抡绕。（图3-57）

图3-57

图3-58

4. 经腹前向下、向左抡转。（图3-58）

5. 边抡边向后退左步，继续向前、向上抡绕。开右步，把锁抡举于右肩正上。（图3-59）

图3-59

6. 右手执锁向右胯后抡摆，右脚提起。（图3-60）

图3-60

图3-61

7. 右脚向下震脚，随即左脚提起，把石锁从前下向头上拉起。（图3-61）

8. 左脚落地，两膝直立，右臂抡直上举，完成抡云动作。（图3-62）

图3-62

十六、斜甩

1. 右手控锁缓缓沉降在右肩前。（图3-63）

图3-63

图3-64

2. 然后用力向左肩外上方甩抛。（图3-64）

3. 左手抓拿簧把，完成右斜甩势。（图3-65）

图3-65

4. 左手接锁后上举，而后缓缓沉降于左肩前。（图3-66）

图3-66

图3-67

5. 随即用力向右肩外上方摺甩。（图3-67）

6. 右手抓接。（图3-68）

图3-68

十七、斜拔

1. 石锁向身前沉降。（图3-69）

图3-69

图3-70

2. 右腕臂顺势内旋向前下运动。（图3-70）

3．右手执锁，经腹前向左腋下勾转，右脚向左靠拢束身，左掌扶右臂助力。（图3–71）

图3–71

图3–72

4．右手执锁过左腋向背后探伸，用腕力配合惯性向右肩外摺掷；脱手后，右手速回至右肩外侧，及时在右前方接抓，完成斜披势。（图3–72）

【注意】

斜披是难度较大的动作，要求束身探臂，巧妙地运用惯性力，力度和角度都要准确无差。斜抛摺出后，手要迅速回接。

十八、独立侧举

1. 右臂在身前将石锁平旋一周做腕花，然后向上举起，右腿独立。（图3–73）

图3–73

图3–74

2. 完成十八势后，放下石锁，立正还原。（图3–74）

第四章

操功

操功，即操打功，俗称“排打功”。选择竹刷把、藤条、绿豆袋、五谷袋、铁砂袋、木棒、砖块等用具，循序渐进地对周身进行有序有法的排打练习。

一、五谷袋

排打用具以五谷袋为例。

用软布裹装五谷（大米、小麦、玉米、绿豆、大豆），用绳扎紧，留有余尾，以便手执。

袋型不必过拘，以长度、重量、粗厚都要适合排打为宜，练者请自行体会制作。

二、操打顺序

操打时，先左后右，手、脚四面俱要打到。

1. 先从左后臂内侧、左肘窝，顺打至左手心、中指尖止。此为左手里面。

2. 又从左后臂外侧，肘关节外侧，顺打至左手背、中指尖止。此为左手外面。

3. 又从左腋窝起，顺打至左小指侧止。此为左手下面。

4. 又从左肩胛起，顺打至左手拇指侧止。此为左手上面。左手四面打完，接着打左脚。

5. 先从左肋起，顺打至小腹左，及左大腿面、左膝、左小腿前面、左脚面、左足趾尖止。此为左脚前面。

6. 又从左腋窝下起，斜打至左腰眼，至外踝转至左小趾侧止。此为左脚外面。

7. 又从左锁骨下起，顺打至小腹左侧，即从胁腹之际，横打至肚腹右。换左手持袋，由右横打至肚腹左，右手掩护外阴。左手再自小腹左打起，从左腿里面打至左脚踝、左脚趾侧止。此为左脚里面。

8. 又两手持袋，从头顶上方绕过打脊柱20下，即用左手持袋，反手打背脊膂下，依次至腰眼。将手一转，顺打至左臀、左腿、左腘窝、左腿肚、左脚踝、左脚跟止。此为左脚后面。

左脚四面打完，接打右手、右脚，方法如前。

三、操打要诀

1.打时须自上至下密密顺打，不可脱漏，亦不可逆打。如有脱漏，不可补打。总须一气呵成。

2.凡打时，必先集中精神，闭口合齿，以鼻吸气，息要短促；袋子触身，意在被打部位，感觉坚硬如铁，同时以鼻喷气，息要快速。如此意气相合，气力相合，可生发内劲，能挨打抗硬，利于上功，且可免损伤。

四、冲天炮

左脚向左侧横开一大步，左腿屈膝，成左弓步；左手由肋下一绕，握拳屈肘竖臂于左前方，拳高与额平，拳心对面，短促吸气。

右手持袋，从左后臂内侧，经左肘窝，密密顺打至左手心、中指尖止。此为左手里面。（图4-1、图4-2）

图4-1

图4-2

五、穿心炮

左拳放开，由耳后一转即握拳并向左前伸臂，高与肩平，拳心向下；右手持袋从左后臂外侧、肘关节外侧，顺打至左手背、中指尖止。此为左手外面。（图4-3、图4-4）

图4-3

图4-4

六、雕手

左手向耳后绕过作雕手；右手持袋由左腋窝起，顺打至左小指侧止。此为左手下面。（图4-5、图4-6）

图4-5

图4-6

七、小冲天炮

左手一转即握拳上竖，作冲天炮势，稍低；右手持袋从左肩胛起，顺打至左手拇指侧止。此为左手上面。（图4–7、图4–8）

图4–7

图4–8

八、打鼎

将左手从肋下一转握拳尽力上举，拳面向上；右手持袋从左肋起，顺打至小腹左侧，及左大腿面、左膝、左小腿前面、左脚面、左足趾尖止。此为左脚前面。（图4–9、图4–10）

图4-9

图4-10

九、盘肘

左拳放开，由耳后绕下，即屈肘握拳平胸，拳心向下，左肘微抬；右手持袋从左腋窝下起，斜打至左腰眼，至外踝转至左小趾侧止。此为左脚外面。（图4-11、图4-12）

图4-11

图4-12

十、雕手

1. 左拳放开，由耳后一转作雕手状；右手持袋从左锁骨下起，顺打至小腹左侧，即从肋腹之际，横打至肚腹右。（图4–13 ~ 图4–16）

图4–13

图4–14

图4-15

图4-16

2. 换左手持袋，由右横打至肚腹左，右手掩护外阴。左手再自小腹左打起，从左腿里面打至左脚踝、左脚趾侧止。此为左脚里面。（图4-17、图4-18）

图4-17

图4-18

十一、伏膝

1. 左弓步；右手持袋，按在左大腿面中间；左手按于袋上。（图4–19）

图4–19

图4–20

2. 右手持袋，从头顶上方绕过打左脊（膂）柱。（图4–20）

3. 换成右弓步，右手扶膝；用左手持袋，反手打背脊膂下，依次至左腰眼。将手一转，顺打至左臀、左腿、左腘窝、左腿肚、左脚踝、左脚跟止。此为左脚后面。（图4-21）

图4-21

第五章

甘凤池八段锦

甘凤池八段锦，沿袭少林宗风，富具南派特色，练法别致，动作有力，变化灵便，内外兼修。练之可强心安神，培元益气，舒筋活血，防疾祛病。同时，还可增强人体柔韧灵活力与整壮混元力，利于技击攻防。

“锦”由“金”“帛”组成。锦为丝织品，暗喻此功柔韧、连绵、精美、华贵。共有八段练法，故美其名曰“八段锦”。其他还有“六段锦”“十段锦”“十二段锦”“十五段锦”等功，与“八段锦”仅练法有所不同，动作有多有少而已，其功效相近，请读者自行鉴悟。

一、掌拨日月调阴阳

【练法】

1. 两脚并步，正身直立；两掌垂于体侧；目视前方。（图5-1）

图5-1

图5-2

2. 左脚向外摆开一步，两脚间距约与肩同宽。（图5-2）

3．两掌向两侧缓缓上抬展臂，一字平肩，两腕放松，掌心向下，指尖向外。（图5-3）

图5-3

4．两臂外旋使掌心向上，接着向正前方划弧，直臂托掌，高与肩平。（图5-4）

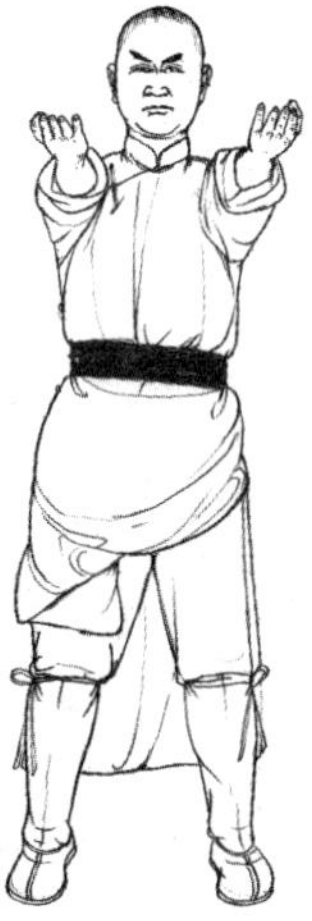

图5-4

图5-4附图

5. 两掌内收，屈肘横臂托于胸前，指尖相对，掌心向上。（图5–5）

图5–5

图5–6

6. 两掌内旋，掌背相贴，掌心向外，指尖向下。（图5–6）

7. 两掌向正前方伸臂插出，高与胸平，掌背相贴。（图5–7）

图5–7

图5–7附图

图5–8

8. 两掌向两侧分开，掌心转向下，弧形缓缓按下，高与大腿平；同时，两腿缓缓屈膝下蹲，成马步。（图5–8）

图5-9

9. 两掌抡转，向里捧至腹前，掌心向上，指尖相对；同时，身体缓缓起立。（图5-9）

10. 两掌内旋下落，垂于体侧。（图5-10）

按上述动作，反复练习。

图5-10

【要点】

1. 做第4动时，手臂两个动作要连贯圆活，不要停顿。

2. 身体下蹲起立时，上体要保持直挺，臀部不要突出，也不要挺腹后仰。

注：本功呼吸为“随动呼吸法”，即呼吸与动作自然相融，其吸或呼及呼吸的速度、长度与动作的速度、力度协调一致。

【功效】

通过动作开合、升降的导引，使真气在体内反复运转，可调整人体的阴阳平衡，能强健脏腑器官，同时，也使肩、肘、髋、膝等部得到一定的锻炼。

二、左右举臂脾胃良

【练法】

1. 承接上势。两掌变拳，收抱腰间，拳心向上。（图5-11）

图5-11

2. 右拳变掌，以肩为轴，向上划弧。至头顶上方时，右臂微屈，掌心向上，指尖向左。（图5-12）

图5-12

3. 右掌继续向后、向下划弧，至平肩时握拳，头向右扭。随即收抱腰间，头颈转正。（图5-13、图5-14）

图5-13

图5-14

4. 左拳同上练习一遍。（图5-15 ~ 图5-17）

图5-15

图5-16

图5-17

5. 两拳变掌，向前、向上、向外划弧；同时，两脚跟提起。顺势不停，抱拳腰间。（图5-18、图5-19）

按上述动作，反复练习。

图5-18

图5-19

6. 两拳变掌下落体侧，调匀呼吸。（图5–20）

图5–20

【要点】

1. 掌臂划弧时，身体不要侧倒或后仰。两脚跟提起时，要注意保持身体平衡。

2. 舒身展臂，敞开胸怀。

【功效】

能使肩、颈筋肌和呼吸器官得到锻炼，并辅以活动手指、腕、踝等关节；同时，利于手三阴和手三阳经气畅通流注于人体上、中、下三焦，可增强心、肺、脾、肠、胃等内脏器官功能。

三、摇转辘轳整督纲

【练法】

1. 承接上势。左脚向左迈出一大步，右脚顺势向左蹬直，重心移至左脚，左膝屈蹲，成左弓步；同时，双掌向左徐徐划弧，掌心相对，左掌在上平胸，右掌在下平腹。（图5-21）

图5-21

图5-22

2. 上体右转，左腿蹬伸，右腿屈膝半蹲，成右弓步；同时，两掌随转身向右划弧，掌心相对，右掌在上平胸，左掌在下平腹。（图5-22）

图5-23

3. 两掌向左、向上、向右、向下划一立圆，经腹前划向左侧方，两掌掌心相对；从右弓步变成左弓步。（图5-23）

上述练法，由向左划弧，成左弓步开始。再反向练习。左右各做数次。

4. 最后左脚收步开立，两掌下垂体侧。（图5-24）

图5-24

图5-24附图

【要点】

1. 两臂在体前划立圆时，左右移动均以腰带动，先走腰后走手。

2. 双手像辘轳转动般划圆，灵动轻松。

3. 整势动作应做到协调、轻巧。

【功效】

使腰脊沿纵轴方向转动，有利于调节脊神经功能。常练此动作，可疏通四肢经络，增强大脑神经系统功能，并可清热散风、升清降浊。

四、鲤鱼挺脊腰腹强

【练法】

1. 承接上势。左脚向前一步，左腿伸膝，脚尖虚点地面；右膝微屈，重心全在右腿，身体后仰；同时，两掌向前划弧上抬，屈臂垂肘，指尖向上，高与鼻平，掌心向里。（图5–25）

图5–25

2. 重心向左前移，右腿蹬伸，左腿屈膝半蹲，成左弓步，同时，上体前屈；两掌顺势向前下方按掌，掌心向下，使两掌尽量接近地面。（图5–26）

图5–26

图5–27

3. 身体重心缓缓移于右腿，左脚蹬伸，上体后仰使身体成一斜线；同时，两掌握拳，向上提拉至胸前，两肘向两侧抬起，拳面相对，拳心向下。（图5–27）

4. 双拳变掌垂于体侧；收回左脚成开立步。（图5-28）

图5-28

图5-28附图

接着练习右势，动作与上述左势相同。左右各做数遍。

【要点】

1. 上体前屈成弓步时，后脚脚跟不要离地。
2. 两掌向前按下时，尽量接近地面。

【功效】

锻炼腰椎及腰腹肌肉。常练此功，可强腰壮肾，健骨生髓。

五、弯弓射雁宽胸腔

【练法】

1. 双掌经右侧向上、向左摆至左侧，左手立掌，腕高平肩，左臂伸直，右掌屈肘立于左肩前；同时，右脚提起将脚面贴于左小腿后。（图5-29）

图5-29

2. 右脚向右侧落步，屈膝半蹲，重心右移，左腿挺膝蹬伸，成右横裆步；同时，上体右倾，右掌握拳拉至胸前，屈臂，拳眼向上，似拉开弓弦；左臂斜上举起，左掌握拳斜向前上方撑劲，拳眼向上，高过头顶。两拳用力伸指、握拳几次。（图5-30）

图5-30

3. 双拳变掌，由左向上、向右、向下在身前划一立圆，左手斜向左上举立掌，右掌立于左肩前，掌心均向左；同时，右脚经左腿后倒插一大步。（图5-31）

图5-31

图5-32

4. 插步不变；两掌同时用力握拳数次。（图5-32）

同样动作，左右各做数次。

5. 然后，左脚收步开立；两拳变掌垂于体侧。（图5-33）

图5-33

【要点】

1. 腿的动作与摆手动作要协调一致。

2. 交叉步时，前面腿微屈，后面腿脚跟提起，重心落在前脚上。

【功效】

通过身体的左右侧屈动作，使腰椎关节和腰部两侧肌肉得到较好锻炼。

两掌握拳练习，可以疏通手指经络，益气生力，缓解疲劳。

六、掌托天门三焦畅

【练法】

1. 左脚横开半步，大开步站立。（图5-34）

图5-34

2. 两掌向上捧至胸前，掌心向上，指尖相对。（图5–35）

图5–35

图5–36

3. 两掌内旋，将掌心由内向外翻转向上，举至头顶正上，指尖相对，两臂微屈，成托物状；仰面上视。（图5–36）

4. 两掌向两侧分开，掌心向下，缓缓按下；两腿同时慢慢屈膝，成马步。（图5–37）

按上述动作，反复练习。

图5–37

5. 最后一次做完时，两腿伸直，左脚收回半步；两掌垂于体侧。（图5–38）

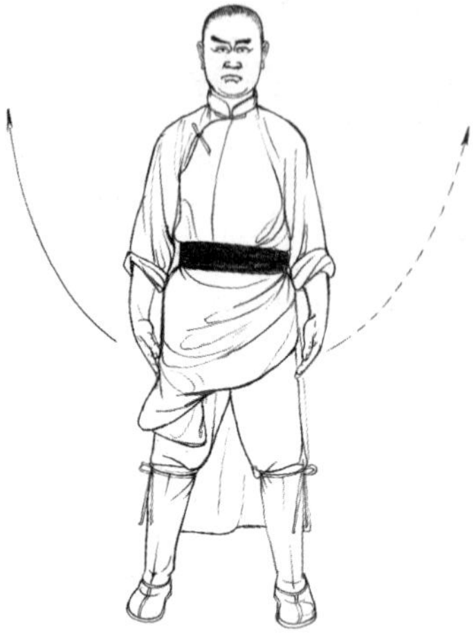

图5–38

【要点】

1. 整个动作过程，上体要保持正直，身体要保持平衡。
2. 马步时，十趾抓地，挺胸塌腰，不要前俯后仰。
3. 双手如托重物，稳如泰山。

【功效】

可增大横膈肌的运动幅度和呼吸深度，这对促进腹腔内脏器官的自我按摩和提高心肺的供氧能力均有很大作用。

翻转手腕，有疏通心肺经脉的作用，对心肺、心血管、脑神经系统疾患均有一定理疗作用。

蹲成低势马步，可使下肢得到很好锻炼。

七、金鸡独立腿足壮

【练法】

1. 承接上势。双掌从身体两侧向上摆起，掌心向上，一字平肩。（图5-39）

图5-39

图5-40

2. 两掌举至头顶正上，合掌，指尖向上。（图5-40）

3. 两掌下落至胸前，成屈臂合掌势。合掌时先指尖，后指节，最后至掌心。（图5–41）

图5–41

图5–42

4. 合掌继续下落，至腹前，以两掌心对搓两次，第一次右掌在上，第二次左掌在上。（图5–42）

5. 两腿屈膝下蹲；两掌在腹前交叉，掌心向内，指尖斜向上，右掌在外，左掌在内。（图5–43）

图5–43

6. 两腿同时蹬起，身体重心移至右脚，左腿向左侧抬起成独立势，上体左转；同时，左掌向上、向左展臂立起，腕高平肩，指尖向上；右掌向右、向上屈肘提举，指尖过顶。（图5-44）

上为左势，接练右势，左右各做数遍。

图5-44

7. 最后落腿开步；两掌垂于体侧。（图5-45）

图5-45

【要点】

1. 两手在腹前交叉向侧摆举时，要与腿的起立动作协调一致，并注意保持上体正直。

2. 做独立动作时，脚趾屈抓，并将身体重心先移至支撑脚，另一脚再慢慢抬起。抬腿之膝与同边的手、肘应相对，并稍停站稳。

【功效】

增强下肢力量，锻炼人的平衡能力。

合掌对搓，可活动手指有关经络，起到一定的保健作用。

八、蹬伸腿脚经络长

【练法】

1. 承接上势。右脚向右下方蹬出，脚尖勾起，脚跟用力。（图5-46）

图5-46

2. 右脚收回，开步直立。（图5-47）

图5-47

3. 左脚向左下蹬出。（图5-48）

图5-48

4. 左脚落地；右脚向左前下方蹬出。（图5-49）

图5-49

5. 右脚收回，开步直立。（图5-50）

图5-50

图5-51

6. 左脚向右下方蹬出。（图5-51）

7. 左脚落地；右脚向右侧下方蹬出。（图5-52）

图5-52

8. 右脚收回，开步直立。（图5-53）

图5-53

9. 左脚向左下方蹬出。（图5-54）

图5-54

10. 收回左脚，右脚向右侧下方蹬出。（图5-55）

图5-55

11. 右脚收回，开步直立。（图5-56）

图5-56

图5-57

12. 左脚向左下方蹬出。（图5-57）按上述动作，练习数遍。

13. 结束时，两脚开步还原；两掌垂于体侧。（图5–58）

图5–58

【要点】

1. 整个动作过程，支撑腿要稳。

2. 蹬腿时，着力点均在脚跟。

【功效】

使下肢得到较好锻炼，既可疏通腿部经络（足三阴、三阳经），又可增强两腿力量。

第六章

甘凤池十段锦

甘凤池十段锦，是与“甘凤池八段锦”相同的养生秘功，唯其动作为十段，故称“十段锦”，也是舒筋活血、防病祛病、强身健体、增益气力之良法。

一、双手托天理三焦

【练法】

1. 两脚开步，正身直立，两脚间距与肩同宽；两掌垂于体侧。（图6-1）

图6-1

图6-2

2. 两掌自体侧上提至胸前，指尖相对，掌心向上。（图6-2）

3. 两臂向前平行伸出，高与肩平，掌心向上，指尖向前。（图6-3）

图6-3

图6-3附图

4. 两臂内旋缓缓向左右两侧分展，成一字平肩，掌心向下，指尖向外。（图6-4）

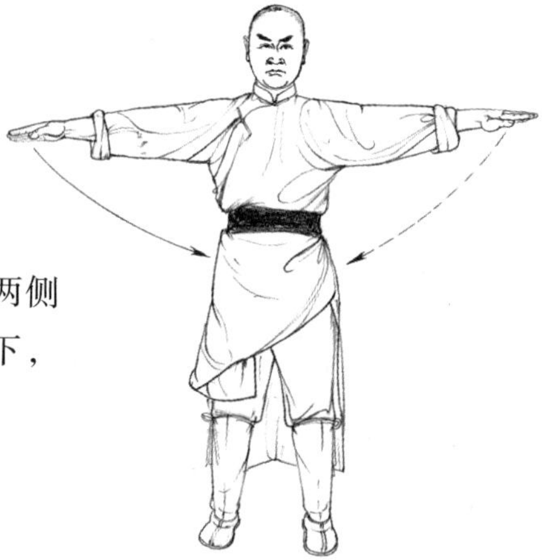

图6-4

5. 两掌缓缓下落，至两胯侧时，屈指握成空心拳，拳心斜向上，拳眼向前。（图6–5）

图6–5

图6–6

6. 两拳上提至两腋前，两肘尖外张。（图6–6）

7. 拳过腋下，转指成掌，掌心向上，向前伸臂。两臂伸平后，转掌成掌心向下。（图6–7）

图6–7

8. 两掌向左右两侧展臂，成一字平肩。（图6–8）

按上述动作，反复练习数遍。

图6–8

9. 承接上势，两掌翻转，掌心向上，向头顶上方伸举。至臂直时，指尖向上，掌心相对。（图6–9）

图6–9

图6-10

10. 两掌勾腕，指尖相对，掌心向下。两掌用劲向上抻拔一次。（图6-10）

11. 两掌相叉，经面前下落至小腹前；调息数次。（图6-11）

图6-11

注：本功呼吸皆为“随动呼吸法”，该呼就呼，该吸即吸，不要刻意规定某一动作或呼或吸。呼吸融合动作，动作融合呼吸，自然而然，内外浑元。

二、左运右转消五劳

【练法】

1. 承接上势。左脚向左横开一步，两腿屈膝半蹲，成马步；两掌相叉，抱于小腹，右掌在里。（图6–12）

图6–12

图6–13

2. 上体左转；同时，右掌向左上提起，腕高平肩，掌心向里，指尖向上；左掌外转成掌心向上，仍置小腹前，指尖向右。（图6–13）

3. 头随手动，身随头转，由左向右转至不能再转为止，身体重心随转动移至右腿；同时，左脚跟随身体转动自然抬起，身体转到位时，脚尖蹬地一下；右掌向右肩前上划弧。（图6-14）

图6-14

图6-15

4. 右掌放下置于小腹前，掌心向下，指尖向左；同时，左掌向右上提起，指尖向上，高与眉平，掌心对鼻。（图6-15）

5. 身体向左缓缓旋转，动作与右转同。（图6-16）

按上述动作左运右转各练数次。

图6-16

6. 右脚跟落地，右掌向左前上方伸臂推托，掌心斜向左上；左掌向左下方推至右侧臂后。头向左下转，双目尽力下瞧右脚后跟。定型后，两掌抻动数次，握拳数次。（图6–17）

图6–17

图6–18

7. 接着，练习右转身。（图6–18）

三、起落俯仰七伤疗

【练法】

1. 两脚开步，距同肩宽；两掌垂于体侧，呼吸自然。（图6–19）

图6–19

图6–20

2. 两掌内收于小腹前，左掌心托住右掌背，掌心向上。（图6–20）

3. 两掌缓缓上提，屈肘竖臂，掌心向里，腕高平肩。（图6-21）

图6-21

图6-22

4. 两掌分别向下、向后下方甩出，置于臀后，掌心斜向后上；同时，双膝微屈，臀部下坐。（图6-22）

按上述动作，重复练习数遍。提手时吸气，甩手时呼气。

5. 甩手练习后，双掌翻转成掌心向上，由体侧向上划弧举掌，至头顶上方时，掌心相对，指尖斜向上。（图6-23、图6-24）

图6-23

图6-24

6. 两掌向前、向下划落，垂臂体前，指尖向下，掌心向后，约与小腿胫平；同时，上体前俯。（图6-25）

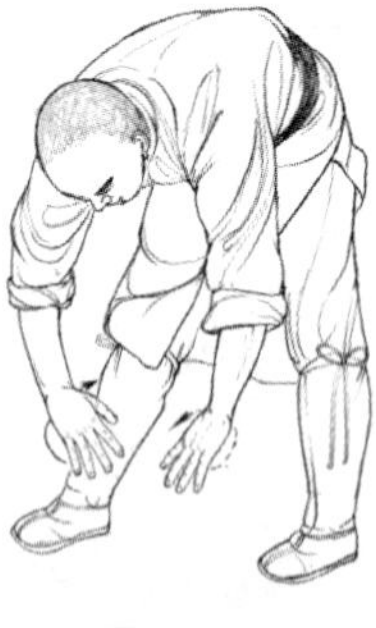

图6-25

7. 两掌屈指握拳，拳眼向前。（图6-26）

图6-26

8. 缓缓起身直腰；同时，两拳变掌成掌心向上，直臂向头上抡划。至头顶后，变掌心向下、指尖相对，下按至小腹前。反复练习数遍。（图6-27、图6-28）

图6-27

图6-28

四、攒拳握固把肺调

【练法】

1. 承接上势。左脚向左横开一大步，两腿屈膝半蹲，成马步；两掌扶按两膝上。（图6–29）

图6–29

图6–30

2. 两掌翻转变拳，拳心向上，收抱于腰侧。（图6–30）

3．右拳不动；左拳向左侧方冲出，拳心向下，高与肩平。（图6–31）

图6–31

图6–32

4．上体左转，左拳回抱于左腰侧；右拳向左前方冲击，拳心向下。（图6–32）

按上述练法，左、右拳出击各十数拳。

然后，换向右侧出拳，反复十数次。

五、摇转脊柱心火消

【练法】

1. 承接上势。两腿稍伸膝立身，成高马步；同时，两拳成掌收于胸前，指尖向上，掌心相对，成抱球状。（图6-33）

图6-33

图6-34

2. 上体缓缓左转，两掌变成上下抱球，左掌在上，高与肩平；右掌在下，高与肋平；重心移于左腿；上体尽量左转。（图6-34）

3. 两掌划弧换位，右掌在上，左掌在下。（图6–35）

图6–35

图6–36

4. 重心移至右脚；两掌平臂屈肘向右运转。（图6–36）

图6–37

5. 当右转至极度时，两掌划弧换位，左掌在上，右掌在下。（图6–37）

按上述方法练习向左转。如此左右各转十数次。

6. 接上势，向前弯腰，上体左转；两掌向下、向左划弧摆起。（图6-38）

图6-38

图6-39

7. 然后两掌划弧换位，右掌在上，左掌在下。（图6-39）

8. 两掌经腹前向右上摆；上身同时尽量右转。（图6-40）

如此以腰为轴左右各摆数次。

图6-40

9. 接上势。最后一次向右上甩完后，以腰为轴，向下、向左、向上大幅划弧。两掌划至头顶上方时，翻转成掌心向上、指尖向后，仰面望天。（图6–41）

图6–41

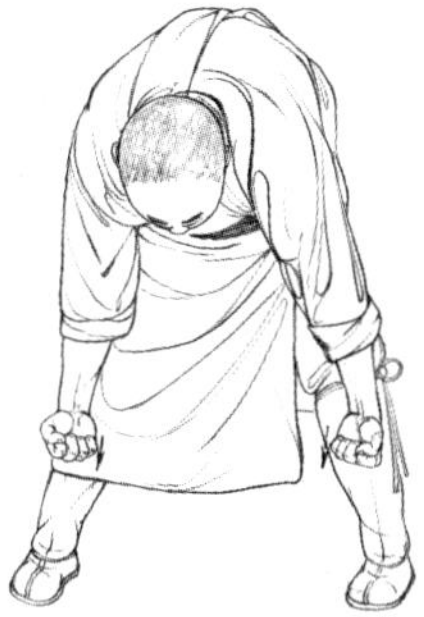

图6–42

10. 随后，两掌抓握成拳，向右下划弧至膝下，拳面向下，拳心向前；上身前俯。（图6–42）

11. 两拳变掌内旋，掌心向下。（图6–43）

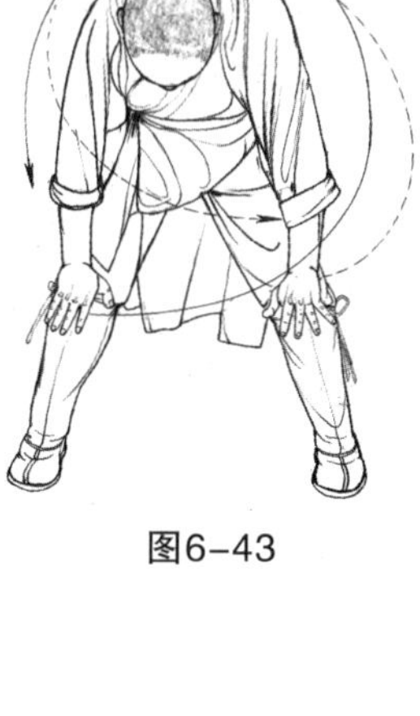

图6–43

12. 双掌向左、向上、向右、向下划一整圆。最后放下两掌，垂于体侧；开步直立，调匀呼吸。（图6–44）

图6–44

六、开弓射雕延年药

【练法】

1. 承接上势。左脚向左移动半步，两腿屈膝半蹲，成马步；同时，两掌下拍，扶按两膝上。（图6–45）

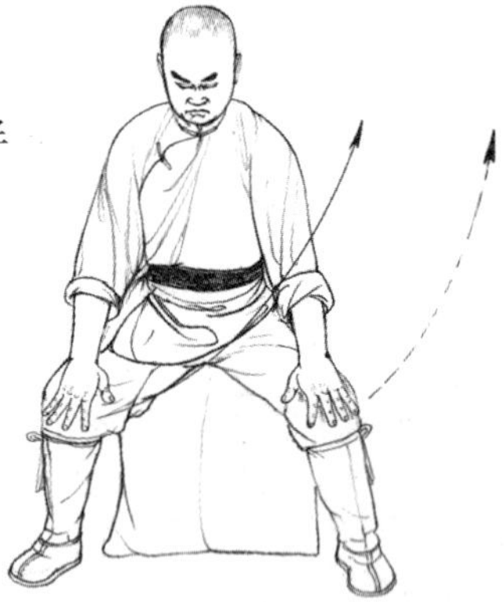

图6–45

2. 上体左转；两手向左平伸，左手成剑指，虎口向上，高与肩平；右臂屈肘左抬，握空心拳停于左肘内侧，拳眼向上。（图6-46）

图6-46

图6-47

3. 右拳后拉，右拳心对右肩，右肘与肩平。右拳后拉数次。（图6-47）

4. 两脚不动，身体向右转动；右拳向右前方伸出，成剑指；头转向右前方，双眼随右手剑指远视；同时，左臂屈肘抬平，左手握空心拳置于右肘内侧。（图6-48）

图6-48

5. 左空心拳做拉弓动作数次。（图6-49）

图6-49

图6-50

6. 上体向左下躬；左拳收提于左腰际；右剑指变拳，向左脚方冲击拳眼向前。（图6-50）

7. 右拳收于右腰际，左拳向右脚方冲击。（图6-51）

两拳交替冲击，用力要柔和，最后用劲顿一下，各练十数次。

图6-51

8．双拳变掌，扶于膝上；随即左腿伸直，右膝微屈，重心移至右腿；左掌用力按左膝两次。（图6–52）

图6–52

图6–53

9. 再把重心移至左腿，右掌用力按右膝两次。（图6–53）

左右互换，各按压十数遍。

10. 收左脚成并步，双掌扶按膝上。（图6–54）

图6–54

11. 屈膝下蹲，臀部尽量下沉；下蹲十数次。（图6-55）

图6-55

图6-56

12. 立身，两掌垂于体侧。（图6-56）

七、低头躬身壮肾腰

【练法】

1. 承接上势。左脚向左横开一小步，两脚间距与肩同宽；同时，左掌按于右肋；右掌向右、向上划圆，至头顶侧上方，指尖向上；向右转头，仰面，目视右掌。（图6-57）

图6-57

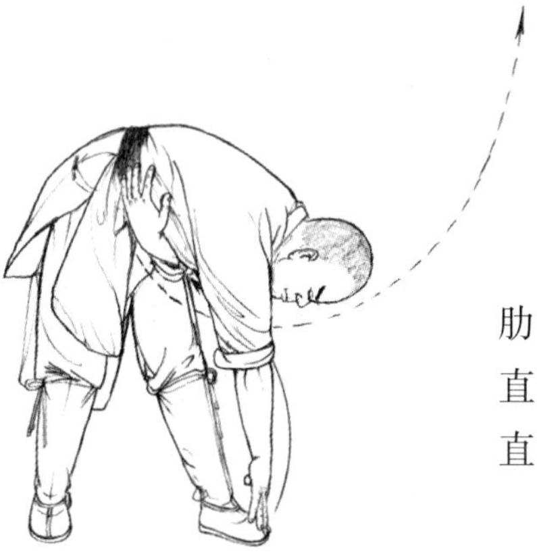

图6-58

2. 向左弯腰俯身；左掌按右肋不变，右掌随转身向左下按，直至指尖摸到左脚尖；两膝挺直。（图6-58）

3. 起身；同时，右掌上收按于左肋；左掌向左、向上划圆举至头顶侧上方，指尖向上；向左转头，仰面。（图6-59）

图6-59

图6-60

4. 向右弯腰俯身；右掌按左肋不变，左掌随转身向右下按，直至指尖摸到右脚尖，两膝挺直。（图6-60）

左右各做两遍，然后进入下动练习。

5. 体转正，两腿屈膝半蹲，成马步；同时，两掌按在两膝上。（图6-61）

图6-61

6. 两掌斜向前下伸插，掌心向里，高与膝平。（图6–62）

图6–62

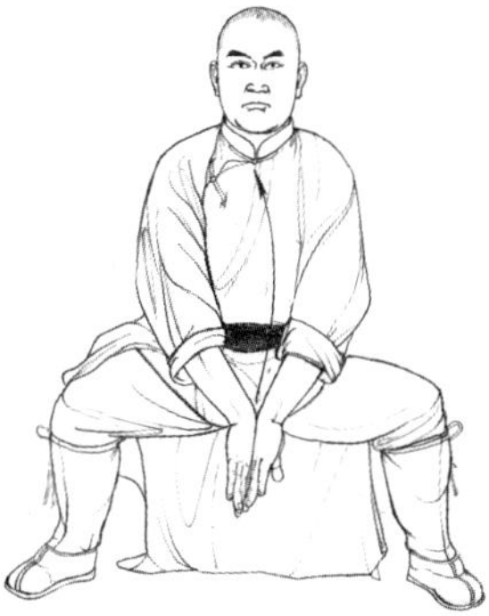

图6–63

7. 马步不变；两手向里相合，指尖向下，掌背相贴。（图6–63）

8. 向里转掌，掌背依然相对，指尖向上，高与颌平。（图6–64）

图6–64

9. 两掌内旋向上托举于头顶上方，屈肘，指尖向后，掌心向上；两腿伸开，仰面目视上方。（图6-65）

图6-65

图6-66

10. 两掌从上向前、向下划弧，一直划到裆下，掌心向上，虎口相接；同时弯腰躬身。（图6-66）

按照图6-63～图6-66动作，反复练习数遍。

11. 蹲马步，正上身；两掌背相贴，指尖向下，伸臂停于裆前。（图6-67）

图6-67

12. 两手互握（左手握住右手拇指，右手四指搭在左手背上），两腿蹬伸的同时，上身前躬，左臂向左提起，约与腹平。（图6–68）

图6–68

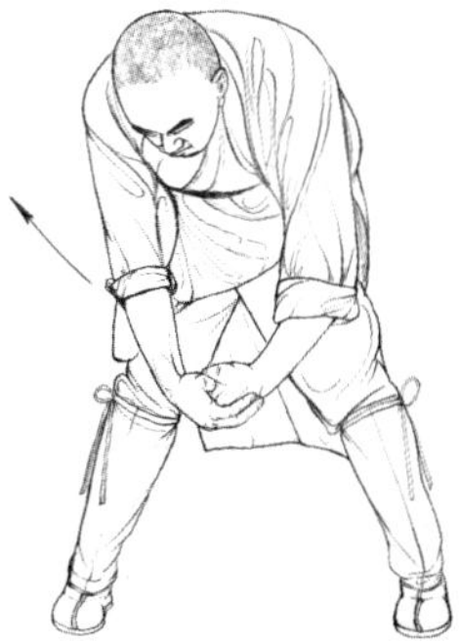

图6–69

13. 两手握住向裆前冲伸。（图6–69）

14. 右臂提起，约与腹平。（图6–70）

图6–70

15. 两手再向裆前冲伸。（图6–71）

如此反复练习，左右各十数次。

图6–71

图6–72

16. 立起上身，两腿半蹲，成马步；同时，两手松开，经两侧向上划弧，合掌于胸前。（图6–72）

17. 伸膝正身；两掌垂于体侧；调匀呼吸。（图6–73）

图6–73

八、鸣天鼓法清醒脑

【练法】

1. 承接上势。两掌自体侧上提抱于脑后，两掌心按住两耳孔，指尖向里相对。（图6–74）

图6–74

图6–74附图

2. 以颈椎为轴，左偏、右偏、前俯、后仰，练习数十次。（图6–75～图6–78）

图6–75

图6–76

图6–77

图6–78

3. 两掌心按住两耳孔不动，两手食指先夹按中指背，随即放下弹击后脑枕部，两耳“咚咚”有声，共弹数十下。（图6-79）

图6-79

图6-80

4. 两掌垂于体侧；调匀呼吸。（图6-80）

九、转头舒筋倍神效

【练法】

1. 承接上势。向左转颈。（图6-81）

图6-81

图6-82

2. 继向上转。（图6-82）

3. 然后转正，昂头，脸向上方，二目望天，稍停一会。（图6-83）

图6-83

图6-84

4. 头向左、向下、向右弧转。（图6-84）

图6-85

5. 继向上转。（图6-85）

6. 然后转正，昂头，脸向上方，二目望天，稍停一会。（图6-86）

如此左右望天各练数遍。

图6-86

7. 由仰头缓缓低头。反复练习。（图6–87）

图6–87

图6–88

8. 正头颈，立身不变，调息一会儿。（图6–88）

图6–89

9. 两掌向左、向前伸臂平肩，掌心向上，指尖向前。（图6–89）

10. 身体左转，左掌向左屈肘平摆，掌心向外，虎口向下；右掌向左推至左掌后下侧。反复练习数遍。（图6–90）

图6–90

图6–91

11. 身体转正；同时，左掌变拳向前伸出，拳眼向上，直臂向前抻劲。（图6–91）

12. 左拳向上、向后转至腰后，轻击肾腧穴数下；右拳顺势提起。（图6–92）

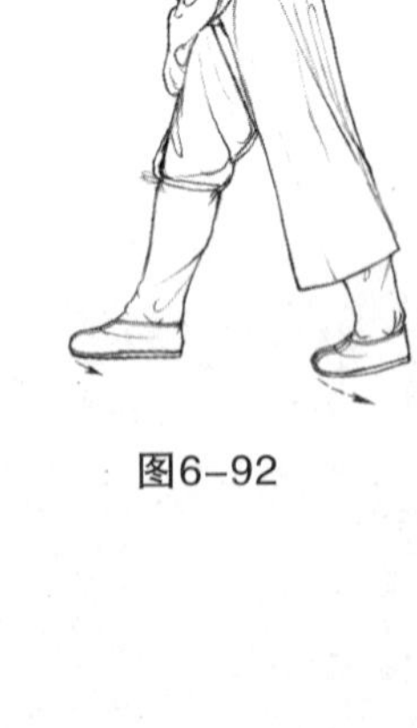

图6–92

13. 舒拳成掌，两掌同时伸推向前，掌心均向右前，虎口相对。（图6–93）

图6–93

图6–94

14. 两掌向外抻劲一下，之后变拳，左拳内收，右拳向前直臂抻劲。（图6–94）

15. 右拳向上、向后转至腰后，轻击肾腧穴三下。（图6–95）

图6–95

16. 舒拳成掌，两掌同时伸向正前方，掌心均向前，虎口相对。（图6-96）

图6-96

图6-97

17. 并足，双腿屈膝半蹲；两掌扶按于膝盖上，左右各转数十圈。（图6-97）

18. 左脚横开一小步；双臂交叉，两掌抱肘；躬身。（图6-98）

图6-98

19. 以胯关节为轴，尽力右转。（图6-99）

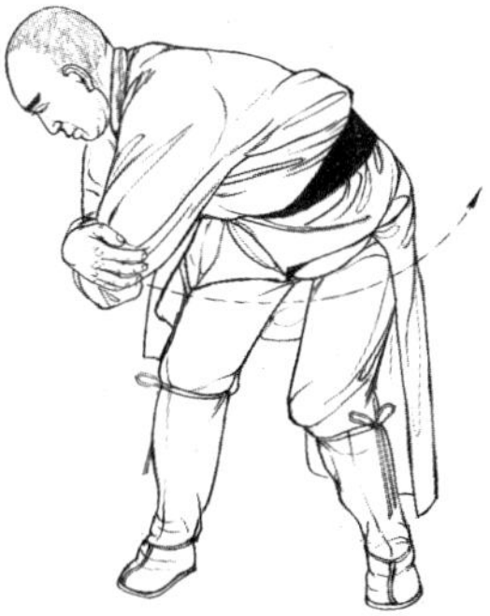

图6-99

图6-100

20. 再由右尽力左转。（图6-100）

图6-101

21. 左右转动数遍。然后正身，放下双掌，调匀呼吸。（图6-101）

十、背后起颠乐逍遥

【练法】

1. 两掌向前上举过头顶，掌心向上；两脚跟提悬，身体微前倾。（图6–102）

图6–102

图6–103

2. 随即，两掌向前下划落，经体侧后甩，指尖向后，虎口在里；同时，脚跟落地，前脚掌上翘。（图6–103）

按上述动作，反复练习。

3. 正身；两掌向左右分举，一字平肩，掌心向上。（图6–104）

图6–104

4. 两掌继续上举，于头顶相合，指尖相对，掌心向下，沿体前下按至小腹前。（图6–105）

图6–105

5. 放下双掌，调匀呼吸。（图6–106）

图6–106

第七章

小武功

所谓小武功，是相对于“甘凤池四大武功”而言的。大武功之坐、行、盘、操是此派必修秘功，非常系统，而小武功既可做其辅助功，也可以单独选练，对技击与养生皆有其独到之处，不可小看。

小武功既有舒筋法，又有贯气法，还有排打法，动静结合，内外兼修；既有练手功，又有练腿功，还有打硬功，各有妙用，相得益彰。

一、贯气势

【练法】

1. 开步正立；两掌垂于体侧；呼吸自然，意守丹田。（图7–1）

图7–1

图7–2

2. 吸气；两掌向体前缓缓抬起，两臂伸直平肩，距同肩宽，掌心向下，指尖向前；沉肩、垂肘、松腕，上体正直。（图7–2）

3. 呼气；两腿缓缓屈膝，下蹲成马步；同时，两掌缓缓下按，高与肋平。（图7–3）

图7–3

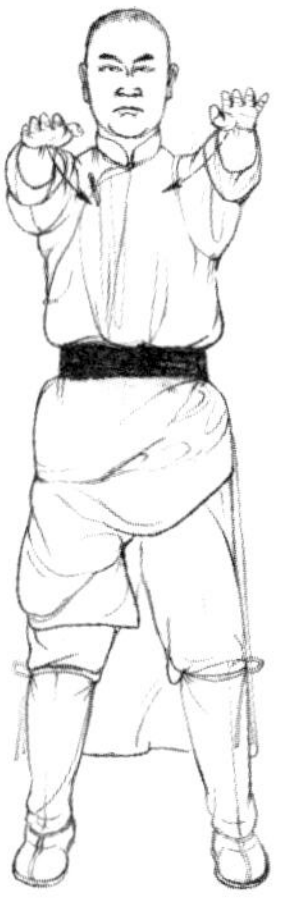

图7–4

4. 吸气；两腿徐徐伸膝起立；同时，两掌上起平肩。（图7–4）

图7–5

5. 吸气不停；两掌屈臂回收肩前,肘尖下垂，指尖向上，掌心向里。（图7–5）

6. 呼气；两掌向前缓缓推出，至臂伸直，两腕平肩。（图7–6）

图7–6

7. 吸气；两掌缓缓下落，至腰侧掌心向后时，手臂外旋使掌心转向上，向左右两侧平举，一字平肩，指尖向外。（图7–7）

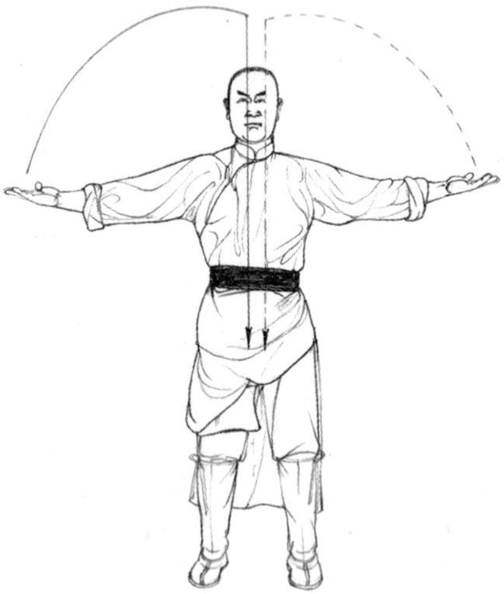

图7–7

8. 呼气；两掌缓缓上举，至头顶上方相合，指尖相对，掌心向下，继而沿面前缓缓下按至小腹前。（图7–8）

图7–8

9. 最后，两掌垂于体侧，收势。

反复练习，次数自定。

【要点】

1. 动作要求徐缓有力，不宜过快。练习时全身肌筋要适度用劲，以益气增力 。

2. 呼吸要求徐缓深长，以运气贯劲。练熟之后，呼、吸随动，不要拘执。

二、打躬势

【练法】

1. 正身并步直立；两掌垂于体侧；自然呼吸。（图7-9）

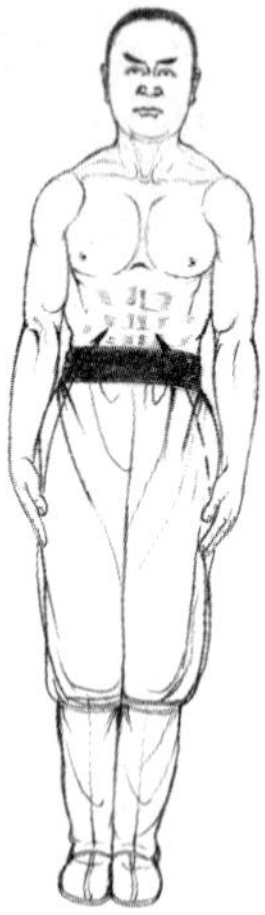

图7-9

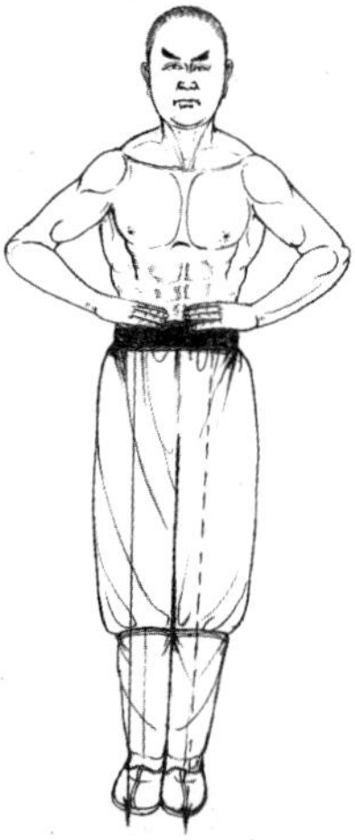

图7-10

2. 吸气；两掌缓缓上提于小腹前，掌心向下，指尖相对。（图7-10）

3. 呼气；两掌缓缓下按至脚前地面；上身下俯，两膝挺直。（图7–11）

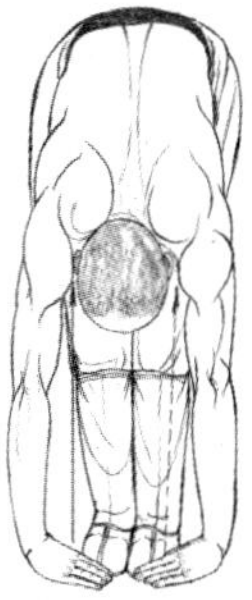

图7–11

图7–12

4. 吸气；两掌翻转成掌心向上，缓缓托至小腹前，指尖相对；起身正立。（图7–12）

5. 呼气；两掌沿两腹侧上托，至肩前时外旋转腕向上托举，至两臂伸直，指尖向后。（图7–13）

图7–13

6. 吸气；两掌落下，至两肩上侧，竖臂垂肘。（图7–14）

图7–14

7. 呼气；两掌扣指握拳，拳心斜向前，两肘外展。（图7–15）

图7–15

8. 吸气；两拳转腕向下划弧收至腰侧，拳心向上。（图7–16）

反复练习，次数自定。

图7–16

三、开弓势

【练法】

1. 左脚横开一步，两腿屈膝下蹲，成马步；两拳仍抱于腰际；意守丹田，调匀呼吸。（图7-17）

图7-17

图7-18

2. 吸气；两拳用力缓缓屈臂抬至胸前，拳心对胸，两肘平肩。（图7-18）

3. 呼气；左拳内旋翻指成虎爪，上体左转；右拳不变。（图7-19）

图7-19

图7-20

4. 呼气不停；左爪向左前方推出，腕高平肩；右拳用力后拉，拳眼向上。两手有如开弓，直至左臂撑直时，右拳于右肩前收住。（图7-20）

5. 吸气；左爪外旋扣指握拳，向内拉至胸前；上体摆正，两拳相对抱于胸前。（图7-21、图7-22）

图7-21

图7-22

6. 接着，做右侧动作。（图7-23 ~ 图7-26）

图7-23

图7-24

图7-25

图7-26

7. 左右反复练习后，起身开步直立；两拳下收抱腰；调匀呼吸。（图7-27）

图7-27

四、开合势

【练法】

1. 吸气；下俯身；左拳成掌下伸抓握左脚，右掌向右外展臂，立腕竖指，至臂伸直。（图7-28）

图7-28

图7-29

2. 呼气；右掌经胸前向左侧方推出，至极而止。（图7-29）

3. 吸气；右掌下落握住右脚，左掌握住右腕，开始练习左势。左势与上述右势练法相同。（图7-30 ~ 图7-32）

按上述动作，左右交替，反复练习。

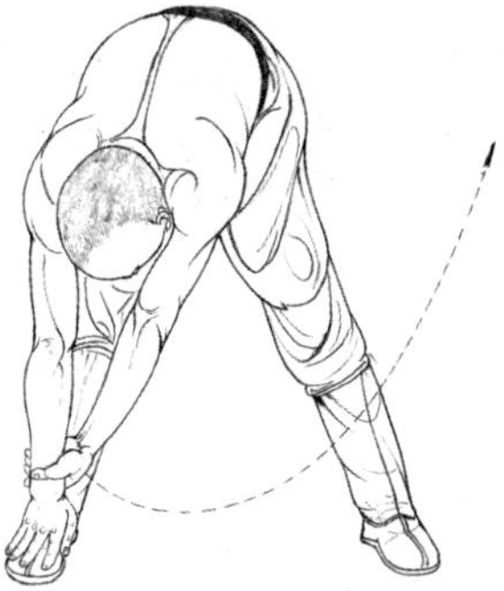

图7-30

图7-31

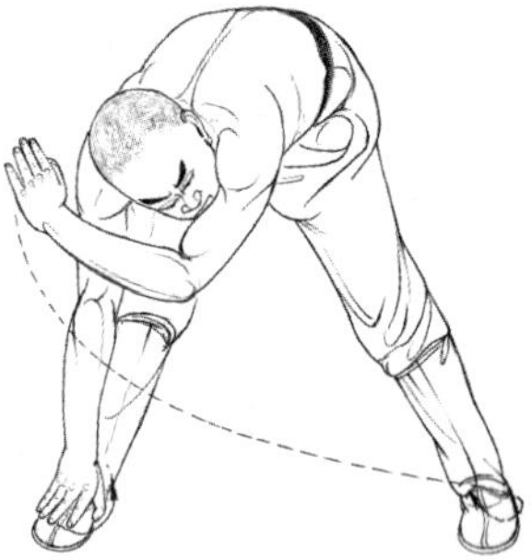

图7-32

4. 两掌变拳，收抱于腰际；起身调息。（图7–33、图7–34）下俯身时，两膝始终保持挺直。

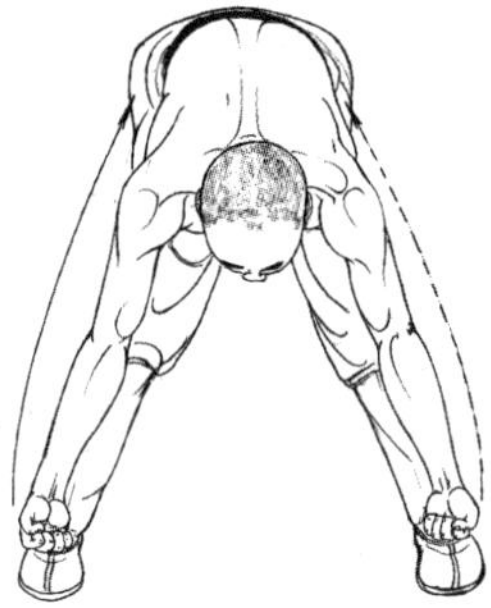

图7–33

图7–34

五、托举势

【练法】

1. 吸气；两拳自两侧提起，至肩前竖臂垂肘，拳面向上，拳心向里。（图7–35）

图7–35

2. 呼气；两拳内旋成掌，掌心向上，指尖向后。（图7-36）

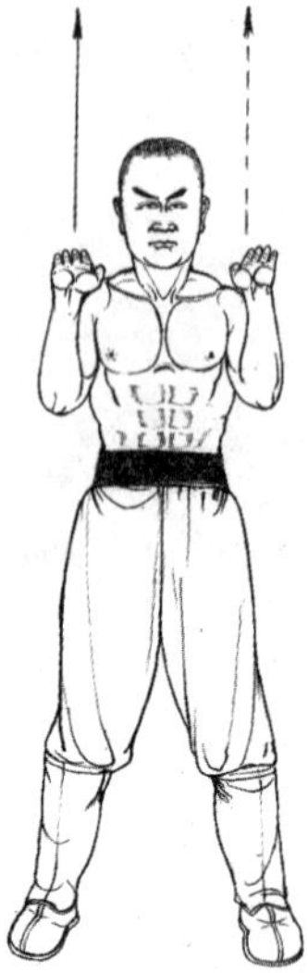

图7-36

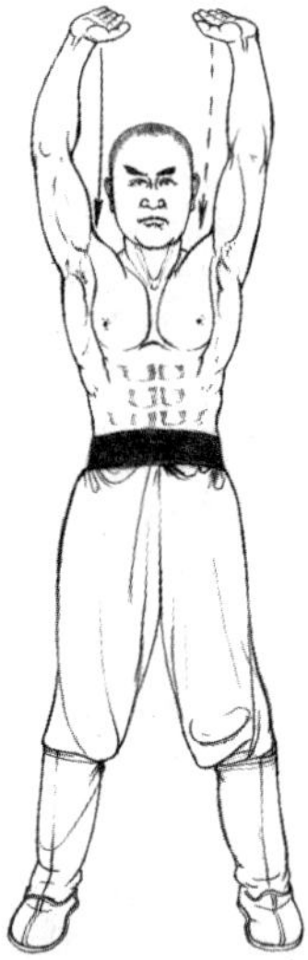

图7-37

3. 呼气不停；两掌上托，直至两臂伸直，指尖向后。（图7-37）

4. 吸气；两掌缓缓下落，于肩上握拳外旋，拳心向下，拳面向里，两肘外展。（图7-38）

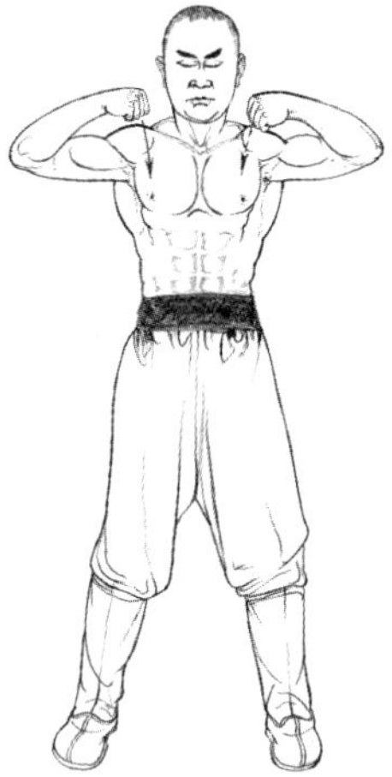

图7-38

图7-39

5. 吸气不停；两拳向内下扳，至两乳前停住。（图7-39）

图7-40

6. 两拳下收抱腰，徐徐将气呼出。（图7-40）

反复练习。

六、屈绕势

【练法】

1. 吸气；起右拳振臂发力成掌，屈肘举于右肩上方。（图7-41）

图7-41

图7-42

2. 呼气；右掌变拳，向左脚前冲下，拳眼向前。（图7-42）

3. 吸气；右拳内旋变掌，向头顶上方托举；至臂伸直，掌心向上，指尖向左；目视掌背。（图7–43）

图7–43

图7–44

4. 呼气；右掌扣指握拳，运劲划弧收至胸前，拳心向里。（图7–44）

5. 呼气不停；右拳下收，拳背反贴后腰际。（图7–45）

图7–45

图7–45附图

6. 接着，练习左手动作。（图7–46 ~ 图7–50）

图7–46

图7–47

图7–48

图7-49

图7-50

7. 左右反复练习后，放下双掌，并步直立，调匀呼吸。（图7-51）

图7-51

七、仆撑势

【练法】

1. 吸气；两掌上提胸前，十指交叉，掌心向里。（图7–52）

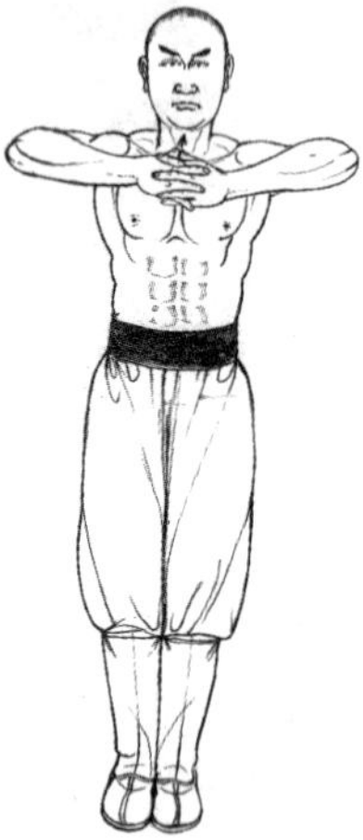

图7–52

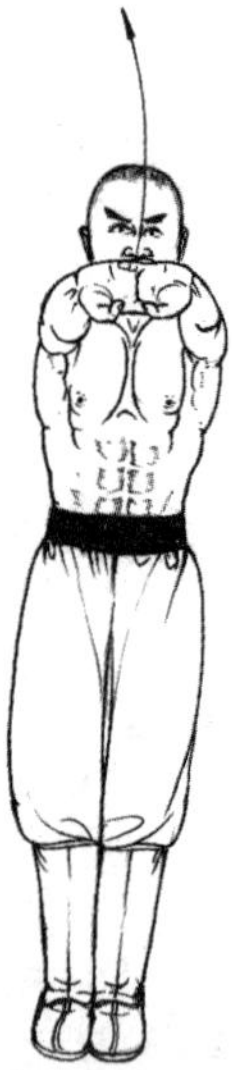

图7–53

2. 呼气；两掌翻转，掌心向正前方推出，直至两臂伸直。（图7–53）

3. 吸气；两掌向头顶上方举起，两臂用力向上托抻。（图7–54）

图7–54

图7–55

4. 呼气；双臂向左侧俯身下撑，至上身与两腿成直角。（图7–55）

5. 呼气不停；左脚向左侧一步成仆步；双掌掌心转向里，抱于左脚上；下颌尽量向左伸。（图7–56）

图7–56

6. 起身并步，吸气，向右行功。（图7-57～图7-63）左右反复练习，然后收势。

图7-57

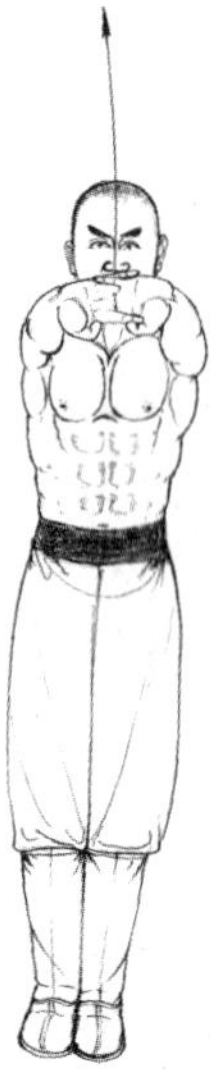

图7-58

图7-59

图7-60

图7-61

图7-62

图7-63

八、蹬踢势

【练法】

1. 并步立正，垂掌；吸气。（图7–64）

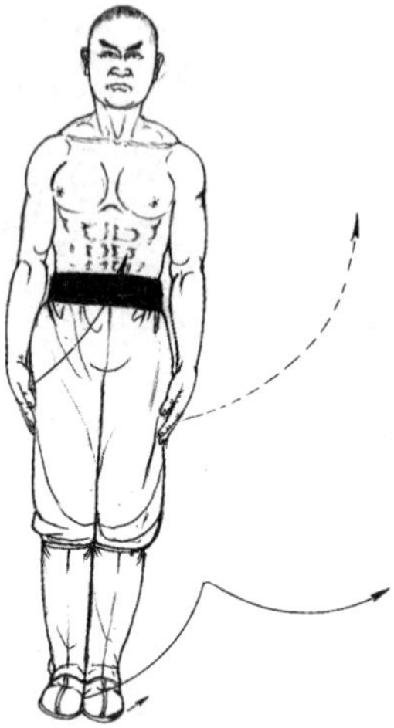

图7–64

图7–65

2. 提右脚蹬踢；同时，呼气。（图7–65）

图7–66

3. 落右脚，吸气；然后呼气，蹬左脚。（图7–66）

左右交替练习。

九、提振势

【练法】

1. 开步站立，两脚间距与肩同宽；两掌按于腹前，指尖相对，掌心向下；两脚跟提起，前脚掌撑地；吸气。（图7–67）

图7–67

图7–68

2. 呼气；两手握拳向两胯侧抖落；同时，脚跟下落振地。（图7–68）

下振脚时，脚跟要灵巧轻落，不可使用猛力。反复练习。

十、冲拳势

【练法】

1. 并步正立，抱拳于腰际。（图7–69）

图7–69

2. 先出左拳，继出右拳。两拳轮流冲出，呼吸随动。（图7–70、图7–71）

反复练习。

图7–70

图7–71

十一、振脊势

【练法】

1. 仰身平躺；两掌平放大腿两侧。（图7–72）

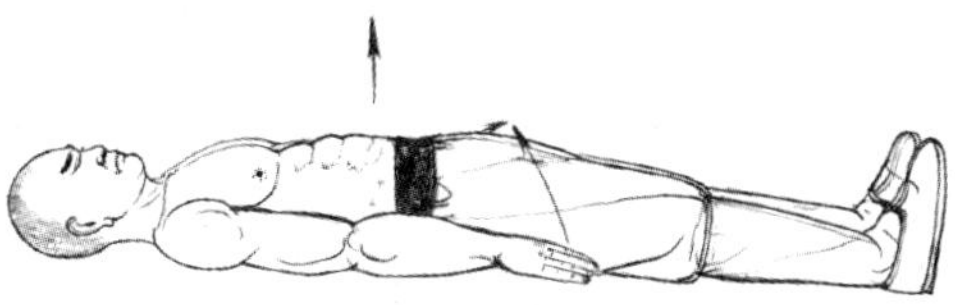

图7–72

2. 两掌收抱小腹之际，腰腹发劲上起，后脑与两脚跟撑地，振脊作势。（图7-73）

呼吸随动，反复练习。

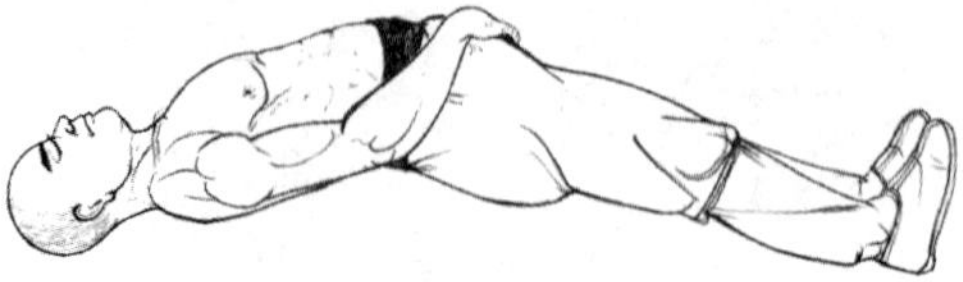

图7-73

十二、抓壁势

【练法】

叉开五指成爪，以爪尖弹性抓击墙壁。发力时呼气。（图7-74）

渐渐加力，墙壁受击会发出沉闷声响，日久可使壁上留下指痕。

初练时，不要过猛，以免伤手。

图7-74

十三、练臂势

【练法】

1. 身体侧卧，两腿相并；一拳拄地，另一拳抱腰。练习单臂俯、撑。左右轮换，坚持为功。（图7-75、图7-76）

图7-75

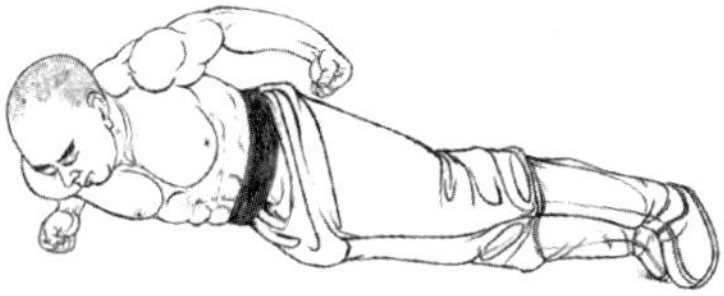

图7-76

2. 吸气；盘腿；两手握拳，拳面拄地，两臂弯曲。然后，两臂挺直，用力撑起身体；同时呼气。（图7-77）

图7-77

十四、掌拍势

【练法】

1. 拍击胸部两侧。（图7–78）

图7–78

图7–79

2. 拍击胸部正中。（图7–79）

3. 拍击腹部两侧。（图7-80、图7-81）

图7-80

图7-81

4. 拍击两臂内外侧。（图7-82～图7-85）

图7-82

图7-83

图7–84

图7–85

拍击时，气息要短促，精神要集中，全身要舒松，动作要轻柔，力度要适当。

十五、捶打势

【练法】

1. 两拳虚握，由下至上，对称捶击身体左右多部。

（1）捶击小腿。（图7–86）

（2）捶击大腿。（图7–87）

（3）捶击髋部。（图7–88）

（4）捶击腰部。（图7–89）

（5）捶击背部。（图7–90）

图7-86

图7-87

图7-88

图7-89

图7-90

（6）捶击肩部。（图7-91、图7-92）

图7-91

图7-92

2. 两手握紧实心拳，捶打全身，每一处都要打到，可以增强人体抗打力。捶击时精神要集中，呼吸要顺遂，由轻到重。（图7-93、图7-94）

图7-93

图7-94